U0896166

中国电力统计年鉴 2021

◆ 中国电力企业联合会　编

中国统计出版社
China Statistics Press

图书在版编目（CIP）数据

中国电力统计年鉴. 2021 / 中国电力企业联合会编
. -- 北京 : 中国统计出版社, 2021.9
ISBN 978-7-5037-9619-7

Ⅰ. ①中… Ⅱ. ①中… Ⅲ. ①电力工业－工业统计－统计资料－中国－2021－年鉴 Ⅳ. ①F426.61-66

中国版本图书馆 CIP 数据核字(2021)第 164274 号

中国电力统计年鉴—2021

作　　者/中国电力企业联合会
责任编辑/佘竞雄
封面设计/李　静
出版发行/中国统计出版社有限公司
通信地址/北京市丰台区西三环南路甲 6 号　邮政编码/100073
电　　话/邮购（010）63376909　书店（010）68783171
网　　址/http://www.zgtjcbs.com/
印　　刷/河北鑫兆源印刷有限公司
经　　销/新华书店
开　　本/880mm×1230mm　1/16
字　　数/496 千字
印　　张/16.25
版　　别/2021 年 9 月第 1 版
版　　次/2021 年 9 月第 1 次印刷
定　　价/498.00 元

如有印装差错，由本社发行部调换。

《中国电力统计年鉴-2021》

编委会

说　明

一、《中国电力统计年鉴》是一部全面反映中国电力建设、生产、消费和供需的权威性年度统计资料，资料的编制工作可追溯到上世纪50年代。

二、《中国电力统计年鉴—2021》共分5篇：1.基本数据；2.发电生产；3.供用电；4.电力投资；5.世界主要国家和地区数据。

三、本年鉴资料来源于中国电力企业联合会年度统计报表，其中涉及的全国性统计指标，均未包括香港、澳门特别行政区和台湾省数据。

四、本年鉴所使用的度量衡单位，均采用国际统一标准计量单位。

五、本书中部分数据合计数或相对数由于单位取舍不同而产生的计算误差，均未作机械调整。

六、本年鉴各表中的“空格”表示该项统计指标数据不足本表最小单位数、数据不详或无该项数。

七、本年鉴对以前发布的统计资料重新进行审核，凡与本年鉴有出入的，均以本年鉴为准。

目 录

1 基本数据

2 发电生产

3 供用电

4 电力投资

5 世界主要国家和地区数据

1

基本数据

1-1 国民经济主要指标一览表

指　标	单位	2016年	2017年	2018年	2019年	2020年
全国总人口	万人	139232	140011	140541	141008	141178
城镇人口	万人	81924	84343	86433	88426	90199
乡村人口	万人	57308	55668	54108	52582	50979
国内生产总值	亿元	746395	832036	919281	986515	1015986
第一产业	亿元	60139	62100	64745	70474	77754
第二产业	亿元	295428	331581	364835	380671	384255
第三产业	亿元	390828	438356	489701	535371	553977
全社会固定资产投资总额	亿元	434364	461284	488499	513608	527270
货物进出口总额	亿美元	36856	41071	46224	45779	46463
出口额	亿美元	20976	22633	24867	24995	25907
进口额	亿美元	15879	18438	21358	20784	20556
能源生产总量(标准煤)	亿吨	34.6	35.9	37.9	39.7	40.8
原煤(折标)	亿吨	24.1	25.0	26.2	27.2	27.6
原油(折标)	亿吨	2.9	2.7	2.7	2.7	2.8
天然气(折标)	亿吨	1.8	1.9	2.0	2.2	2.4
能源消费总量(标准煤)	亿吨	44.1	45.6	47.2	48.7	49.8
原煤(折标)	亿吨	27.5	27.6	27.8	28.1	28.3
石油(折标)	亿吨	8.3	8.6	8.9	9.3	9.4
天然气(折标)	亿吨	2.7	3.1	3.6	3.9	4.2

注：本表数据摘自国家统计局编《中国统计摘要》。

1-2 电力统计基本数据一览表

指　　标	单　位	2020年	2019年	比上年增长（±、%）
一 、发电量	**亿千瓦时**	**76264**	**73269**	**4.09**
水　　电	亿千瓦时	13553	13021	4.09
其中：抽水蓄能	亿千瓦时	335	319	4.99
火　　电	亿千瓦时	51770	50465	2.59
其中：燃煤	亿千瓦时	46296	45538	1.66
燃气	亿千瓦时	2525	2325	8.61
燃油	亿千瓦时	12	13	-5.08
其中：生物质发电	亿千瓦时	1355	1126	20.35
核　　电	亿千瓦时	3662	3487	5.03
风　　电	亿千瓦时	4665	4053	15.08
太阳能发电	亿千瓦时	2611	2240	16.56
其　　他	亿千瓦时	3	2	12.40
非化石能源发电量	**亿千瓦时**	**25850**	**23930**	**8.02**
二、全社会用电量	**亿千瓦时**	**75214**	**72852**	**3.24**
A、全行业用电合计	**亿千瓦时**	**64268**	**62607**	**2.65**
第一产业	亿千瓦时	859	779	10.15
第二产业	亿千瓦时	51318	49963	2.71
其中:工　业	亿千瓦时	50398	49073	2.70
第三产业	亿千瓦时	12091	11865	1.91
B、城乡居民生活用电合计	**亿千瓦时**	**10946**	**10245**	**6.84**
城镇居民	亿千瓦时	6157	5835	5.52
乡村居民	亿千瓦时	4789	4410	8.60
三、发电装机容量	**万千瓦**	**220204**	**201006**	**9.55**
水　　电	万千瓦	37028	35804	3.42
其中：抽水蓄能	万千瓦	3149	3029	3.96
火　　电	万千瓦	124624	118957	4.76
其中：燃煤	万千瓦	107912	104063	3.70
燃气	万千瓦	9972	9024	10.51
燃油	万千瓦	147	175	-15.99
其中：生物质发电	万千瓦	2987	2361	26.51
核　　电	万千瓦	4989	4874	2.36
风　　电	万千瓦	28165	20915	34.66
太阳能发电	万千瓦	25356	20429	24.12
其　　他	万千瓦	41	26	58.02

1-2　续表 1

指　　标	单　位	2020年	2019年	比上年增长（±、%）
非化石能源发电装机容量	**万千瓦**	**98567**	**84410**	**16.77**
四、35千伏及以上输电线路回路长度	**千米**	**2156170**	**1975312**	**9.16**
1. 交流	**千米**	**2109846**	**1932947**	**9.15**
其中：1000千伏	千米	13361	10872	22.89
750千伏	千米	25046	23256	7.70
500千伏	千米	203058	195636	3.79
330千伏	千米	36597	32314	13.25
220千伏	千米	488543	454585	7.47
110千伏	千米	752563	684406	9.96
35千伏	千米	590678	531880	11.05
2. 直流	**千米**	**46324**	**42364**	**9.35**
其中：±1100千伏	千米	3295	3295	
±800千伏	千米	24980	21907	14.03
±660千伏	千米	1334	1334	
±500千伏	千米	14783	13733	7.64
±400千伏	千米	1639	1639	
五、35千伏及以上变电设备容量	**万千伏安**	**812893**	**747833**	**8.70**
1. 交流	**万千伏安**	**766565**	**708718**	**8.16**
其中：1000千伏	万千伏安	18000	15300	17.65
750千伏	万千伏安	19785	18515	6.86
500千伏	万千伏安	155163	145905	6.35
330千伏	万千伏安	15771	14062	12.16
220千伏	万千伏安	243736	226101	7.80
110千伏	万千伏安	250286	235077	6.47
35千伏	万千伏安	63823	53757	18.72
2. 直流	**万千伏安**	**46328**	**37706**	**22.87**
其中：±1100千伏	万千伏安	2867	2867	
±800千伏	万千伏安	27690	22317	24.07
±660千伏	万千伏安	947	947	
±500千伏	万千伏安	12738	10945	16.38
±400千伏	万千伏安	1245	1245	

1-2　续表 2

指　　标	单　位	2020年	2019年	比上年增长（±、%）
六、新增发电装机容量	**万千瓦**	**19144**	**10500**	**82.31**
水　　电	万千瓦	1313	445	195.22
其中：抽水蓄能	万千瓦	120	30	300.00
火　　电	万千瓦	5660	4423	27.95
其中：燃　　煤	万千瓦	4030	3236	24.52
燃　　气	万千瓦	824	630	30.72
其中：常规燃气	万千瓦	811	629	28.89
煤层气发电		12		
燃　　油	万千瓦			
其　　他	万千瓦	805	557	44.73
其中：余温、余气、余压	万千瓦	283	166	70.89
垃圾焚烧发电	万千瓦	300	273	9.91
秸秆、蔗渣、林木质发电	万千瓦	222	118	88.76
核　　电	万千瓦	112	409	-72.64
风　　电	万千瓦	7211	2572	180.40
太阳能发电	万千瓦	4820	2652	81.76
其　　他	万千瓦	28		
七、火电机组退役和关停容量	**万千瓦**	**1469**	**1024**	**43.44**
八、年底主要发电企业电源项目在建规模	**万千瓦**	**16137**	**18192**	**-11.29**
水　　电	万千瓦	8186	8462	-3.27
火　　电	万千瓦	3883	5409	-28.22
核　　电	万千瓦	1547	1420	9.00
风　　电	万千瓦	1996	2736	-27.04
九、新增直流输电线路长度及换流容量				
1. 线路长度	**千米**	**4444**		
其中：±1100千伏	千米			
±800千伏	千米	3389		
±660千伏	千米			
±500千伏	千米	1055		
±400千伏	千米			
2. 换流容量	**万千瓦**	**5200**	**2200**	**136.36**
其中：±1100千伏	万千瓦		1200	
±800千伏	万千瓦	4000		
±660千伏	万千瓦			
±500千伏	万千瓦	1200		
±400千伏	万千瓦		**1000**	
十、新增交流110千伏及以上输电线路长度及变电设备容量				
1. 线路长度	**千米**	**57237**	**57935**	**-1.20**
其中：1000千伏	千米	1736	2100	-17.35
750千伏	千米	1090	4406	-75.26
500千伏	千米	7424	5595	32.70
330千伏	千米	1566	3989	-60.73
220千伏	千米	18768	19822	-5.32
110千伏（含66千伏）	千米	26653	22023	21.02
2. 变电设备容量	**万千伏安**	**31292**	**31915**	**-1.95**
其中：1000千伏	万千伏安	1800	1500	20.00
750千伏	万千伏安	1860	3245	-42.68
500千伏	万千伏安	8255	8645	-4.51
330千伏	万千伏安	1098	1263	-13.06
220千伏	万千伏安	9275	9161	1.24
110千伏（含66千伏）	万千伏安	9004	8100	11.15

1-2　续表 3

指　　标	单　　位	2020年	2019年	比上年增长（±、%）
十一、本年完成电力投资	**亿元**	**10189**	**9097**	**12.00**
1.电源投资	**亿元**	**5292**	**4085**	**29.55**
水　　电	亿元	1067	905	17.90
火　　电	亿元	568	780	-27.26
核　　电	亿元	379	463	-17.95
风　　电	亿元	2653	1552	70.96
太阳能发电	亿元	625	385	62.18
其　　他	亿元			
2.电网投资	**亿元**	**4896**	**5012**	**-2.30**
输变电	亿元	4721	4779	-1.23
其中：直流	亿元	532	249	113.36
交流	亿元	4188	4530	-7.54
其　他	亿元	176	232	-24.29
十二、单机6000千瓦及以上机组平均单机容量				
水电：单机容量	万千瓦/台	6.23	6.04	0.19
机组台数	台	5158	5099	1.16
机组容量	万千瓦	32137	30788	4.38
火电：单机容量	万千瓦/台	13.55	13.37	0.18
机组台数	台	8776	8430	4.10
机组容量	万千瓦	118890	112722	5.47
十三、6000千瓦及以上电厂供热量	**万吉焦**	**519422**	**492492**	**5.47**
十四、6000千瓦及以上电厂发电标准煤耗	**克/千瓦时**	**287.2**	**288.8**	**-1.55**
十五、6000千瓦及以上电厂供电标准煤耗	**克/千瓦时**	**304.9**	**306.4**	**-1.50**
十六、6000千瓦及以上电厂厂用电率	**%**	**4.65**	**4.67**	**-0.02**
水　　电	%	0.25	0.24	0.00
火　　电	%	5.98	6.01	-0.03
十七、6000千瓦及以上电厂发电设备利用小时	**小时**	**3756**	**3828**	**-72**
水　　电	小时	3825	3697	128
其中：抽水蓄能	小时	1094	1053	40
火　　电	小时	4211	4307	-97
其中：燃煤	小时	4323	4429	-106
燃气	小时	2610	2646	-37
核　　电	小时	7450	7394	56
风　　电	小时	2078	2083	-5
太阳能发电	小时	1281	1291	-10
十八、6000千瓦及以上电厂燃料消耗				
发电消耗标煤量	万吨	139561	132007	5.72
发电消耗原煤量	万吨	208088	199443	4.33
供热消耗标煤量	万吨	22678	19463	16.52
供热消耗原煤量	万吨	29710	29227	1.65
十九、供、售电量及线损				
供电量	亿千瓦时	65232	62835	3.81
售电量	亿千瓦时	61581	59111	4.18
线损电量	亿千瓦时	3651	3724	-1.97
线损率	%	5.60	5.93	-0.33
二十、发用电设备比				
发电装机容量 ： 用电设备容量		1:4.32	1:4.08	
二十一、电力弹性系数				
电力生产弹性系数		1.78	0.78	
电力消费弹性系数		1.41	0.73	

注：1.电源投资完成额口径为全国主要发电企业。
　　2.陕西用电量不含陕西省地方电力（集团）有限公司经营区范围内的部分自备电厂用电量，下同。

1-3 历年发电装机容量及比重

单位：万千瓦，%

年 份	总计	水电		火电		核电		风电		太阳能发电	
		容量	比重	容量	比重	容量	比重	容量	比重	容量	比重
1978	5712	1728	30.3	3984	69.7						
1979	6302	1911	30.3	4391	69.7						
1980	6587	2032	30.8	4555	69.2						
1985	8705	2641	30.3	6064	69.7						
1990	13789	3605	26.1	10184	73.9						
1995	21722	5218	24.0	16294	75.0	210	1.0				
2000	31932	7935	24.8	23754	74.4	210	0.7				
2001	33849	8301	24.5	25314	74.8	210	0.6				
2002	35657	8607	24.1	26555	74.5	447	1.3				
2003	39141	9490	24.2	28977	74.0	619	1.6				
2004	44239	10524	23.8	32948	74.5	684	1.5				
2005	51718	11739	22.7	39138	75.7	685	1.3	106	0.2		
2006	62370	13029	20.9	48382	77.6	685	1.1	207	0.3		
2007	71822	14823	20.6	55607	77.4	885	1.2	420	0.6		
2008	79273	17260	21.8	60286	76.1	885	1.1	839	1.1		
2009	87410	19629	22.5	65108	74.5	908	1.0	1760	2.0		
2010	96641	21606	22.4	70967	73.4	1082	1.1	2958	3.1		
2011	106253	23298	21.9	76834	72.3	1257	1.2	4623	4.4	222	0.2
2012	114676	24947	21.8	81968	71.5	1257	1.1	6142	5.4	341	0.3
2013	125768	28044	22.3	87009	69.2	1466	1.2	7652	6.1	1589	1.3
2014	137887	30486	22.1	93232	67.6	2008	1.5	9657	7.0	2486	1.8
2015	152527	31954	20.9	100554	65.9	2717	1.8	13075	8.6	4218	2.8
2016	165051	33207	20.1	106094	64.3	3364	2.0	14747	8.9	7631	4.6
2017	178451	34411	19.3	111009	62.2	3582	2.0	16325	9.1	12942	7.3
2018	190012	35259	18.6	114408	60.2	4466	2.4	18427	9.7	17433	9.2
2019	201006	35804	17.8	118957	59.2	4874	2.4	20915	10.4	20429	10.2
2020	220204	37028	16.8	124624	56.6	4989	2.3	28165	12.8	25356	11.5

1-4 历年发电量及比重

单位：亿千瓦时，%

年 份	总计	水 电		火 电		核电		风电		太阳能发电	
		发电量	比重	发电量	比重	发电量	比重	发电量	比重	发电量	比重
1978	2566	446	17.4	2119	82.6						
1979	2820	501	17.8	2318	82.2						
1980	3006	582	19.4	2424	80.6						
1985	4107	924	22.5	3183	77.5						
1990	6213	1263	20.3	4950	79.7						
1995	10069	1868	18.6	8074	80.2	128	1.3				
2000	13685	2431	17.8	11079	81.0	167	1.2				
2001	14839	2611	17.6	12045	81.2	175	1.2				
2002	16542	2746	16.6	13522	81.7	265	1.6				
2003	19052	2813	14.8	15790	82.9	439	2.3				
2004	21944	3310	15.1	18104	82.5	505	2.3				
2005	24975	3964	15.9	20437	81.8	531	2.1	16	0.1		
2006	28499	4148	14.6	23741	83.3	548	1.9	28	0.1		
2007	32644	4714	14.4	27207	83.3	629	1.9	57	0.2		
2008	34510	5655	16.4	28030	81.2	692	2.0	131	0.4		
2009	36812	5717	15.5	30117	81.8	701	1.9	276	0.8		
2010	42278	6867	16.2	34166	80.8	747	1.8	494	1.2		
2011	47306	6681	14.1	39003	82.4	872	1.8	741	1.6	6	
2012	49865	8556	17.2	39255	78.7	983	2.0	1030	2.1	36	0.1
2013	53721	8921	16.6	42216	78.6	1115	2.1	1383	2.6	84	0.2
2014	56801	10601	18.7	43030	75.8	1332	2.3	1598	2.8	235	0.4
2015	57400	11127	19.4	42307	73.7	1714	3.0	1856	3.2	395	0.7
2016	60228	11748	19.5	43273	71.8	2132	3.5	2409	4.0	665	1.1
2017	64529	11947	18.5	45877	71.1	2481	3.8	3046	4.7	1178	1.8
2018	69947	12321	17.6	49249	70.4	2950	4.2	3658	5.2	1769	2.5
2019	73269	13021	17.8	50465	68.9	3487	4.8	4053	5.5	2240	3.1
2020	76264	13553	17.8	51770	67.9	3662	4.8	4665	6.1	2611	3.4

1-5 历年发用电设备容量比

单位：万千瓦

年 份	发电设备容量	用电设备容量	比值
1980	6587	15248	1∶2.31
1985	8705	21258	1∶2.44
1990	13789	34741	1∶2.52
1995	21722	49047	1∶2.58
1996	23654	52645	1∶2.23
1997	25424	55310	1∶2.18
1998	27729	59395	1∶2.14
1999	29877	64449	1∶2.16
2000	31932	72935	1∶2.28
2001	33861	83148	1∶2.46
2002	35657	95732	1∶2.68
2003	39141	100470	1∶2.57
2004	44239	135075	1∶3.05
2005	51718	161204	1∶3.12
2006	62370	189739	1∶3.04
2007	71822	223357	1∶3.11
2008	79273	247379	1∶3.12
2009	87410	276565	1∶3.16
2010	96641	307077	1∶3.18
2011	106253	351542	1∶3.38
2012	114676	398253	1∶3.47
2013	125768	441837	1∶3.51
2014	137887	507771	1∶3.68
2015	152527	575620	1∶3.77
2016	165051	634481	1∶3.84
2017	178451	723363	1∶4.05
2018	190012	752770	1∶3.96
2019	201006	820438	1∶4.08
2020	220204	951830	1∶4.32

1-6　历年人均电力指标

单位：千瓦/人，千瓦时/人

年　份	人均装机容量	人均发电量	人均用电量	人均生活用电量
1978	0.06	268	261	
1979	0.06	291	285	
1980	0.07	306	301	
1985	0.08	391	385	
1990	0.12	547	540	41
1995	0.18	836	821	83
2000	0.25	1084	1067	132
2001	0.27	1167	1154	145
2002	0.28	1292	1280	156
2003	0.30	1479	1466	174
2004	0.34	1693	1679	189
2005	0.40	1916	1901	217
2006	0.47	2174	2164	247
2007	0.54	2477	2471	274
2008	0.60	2605	2595	308
2009	0.65	2765	2749	344
2010	0.72	3160	3140	381
2011	0.79	3517	3496	418
2012	0.84	3682	3667	460
2013	0.92	3941	3919	498
2014	1.00	4140	4056	506
2015	1.10	4160	4126	528
2016	1.19	4340	4305	582
2017	1.27	4622	4557	623
2018	1.35	4986	4919	691
2019	1.43	5205	5149	728
2020	1.56	5405	5331	776

注：1. 本表2011—2019年数据根据第七次全国人口普查数据修订。
　　2. 人均发电量计算所用发电量数据是中电联全口径统计数据。

1-7 历年主要电力技术经济指标

年　份	发电设备平均利用小时(小时)	发电厂用电率(%)	线损率(%)	发电标准煤耗(克/千瓦时)	供电标准煤耗(克/千瓦时)
1978	5149	6.61	9.64	434.0	471.0
1979	5175	6.54	9.24	422.0	457.0
1980	5078	6.44	8.93	413.0	448.0
1985	5308	6.42	8.18	398.0	431.0
1990	5036	6.90	8.06	392.0	427.0
1995	5121	6.78	8.77	379.0	412.0
2000	4517	6.28	7.70	363.0	392.0
2001	4588	6.24	7.55	357.0	385.0
2002	4860	6.15	7.52	356.0	383.0
2003	5245	6.07	7.71	355.0	380.0
2004	5455	5.95	7.55	349.0	376.0
2005	5425	5.87	7.21	343.0	370.0
2006	5198	5.93	7.04	342.0	367.0
2007	5020	5.83	6.97	332.0	356.0
2008	4648	5.90	6.79	322.0	345.0
2009	4546	5.76	6.72	320.0	340.0
2010	4650	5.43	6.53	311.8	333.3
2011	4730	5.39	6.52	308.4	329.1
2012	4579	5.10	6.74	304.8	324.6
2013	4521	5.05	6.69	301.6	321.0
2014	4348	4.85	6.64	299.9	319.0
2015	3988	5.09	6.64	296.9	315.4
2016	3797	4.77	6.49	293.9	312.1
2017	3790	4.80	6.48	291.3	309.4
2018	3880	4.69	6.27	289.9	307.6
2019	3828	4.67	5.93	288.8	306.4
2020	3756	4.59	5.60	287.2	304.9

1-8 历年电力生产和消费弹性系数

年 份	电力生产弹性系数	电力消费弹性系数
1990	1.61	1.62
1991	0.97	1.00
1992	0.79	0.79
1993	0.78	0.72
1994	0.84	0.79
1995	0.77	0.84
1996	0.73	0.70
1997	0.55	0.48
1998	0.27	0.36
1999	0.86	0.86
2000	1.31	1.35
2001	1.02	1.09
2002	1.26	1.28
2003	1.52	1.53
2004	1.50	1.50
2005	1.22	1.26
2006	1.11	1.12
2007	1.02	1.05
2008	0.60	0.57
2009	0.72	0.70
2010	1.40	1.39
2011	1.25	1.26
2012	0.70	0.73
2013	1.00	0.98
2014	0.58	0.56
2015	0.15	0.14
2016	0.74	0.74
2017	0.95	0.95
2018	1.27	1.28
2019	0.78	0.73
2020	1.78	1.41

1-9 电力在一次能源和终端消费中的比重

单位：%

年 份	电煤消费原煤占煤炭产量的比重	电力消费能源在一次能源中的比重	电能在终端能源消费中的比重
1985	19.61	21.83	7.43
1986	21.48	22.13	7.78
1987	23.38	22.79	8.09
1988	24.90	23.27	8.3
1989	26.09	23.95	8.59
1990	26.94	24.68	9.05
1991	29.99	25.46	10.11
1992	32.53	26.67	10.77
1993	35.10	28.74	11.39
1994	35.02	28.84	11.87
1995	35.05	29.58	12.38
1996	37.37	30.76	12.26
1997	38.82	32.76	13.67
1998	42.16	34.69	14.64
1999	42.11	40.07	15.81
2000	45.54	41.72	17.89
2005	53.72	41.39	19.22
2006	55.37	43.10	20.31
2007	56.66	44.20	21.81
2008	50.81	40.94	21.70
2009	49.41	40.96	20.59
2010	54.24	43.43	22.68
2011	53.30	44.28	23.40
2012	49.67	44.51	23.90
2013	51.57	42.57	21.35
2014	50.18	41.84	21.78
2015	50.29	42.20	22.08
2016	54.95	42.66	23.04
2017	57.28	44.64	23.91
2018	60.66	46.05	24.89
2019	59.39	46.37	25.56
2020	60.95		

注：电能在终端能源消费的比重是采用当量计算法得出。

主要统计指标解释

1.**人口数**：指一定时点，一定区域范围内有生命的个人总和。

2.**年度统计的年末人口数**：指每年 12 月 31 日 24 时的人口数。年度统计的全国人口总数内未包括香港、澳门特别行政区和台湾省以及海外华侨人数。

3.**城镇人口和乡村人口**：城镇人口是指居住在城镇范围内的全部常住人口；乡村人口是除上述人口意外的全部人口。

4.**国内生产总值**：指一个国家所有常住单位在一定时期内生产活动的最终成果。国内生产总值由三种表现形态，即价值形态、收入形态和产品形态。从价值形态看，它是所有常住单位在一定时期内生产的全部货物和服务价值与同期投入的全部非固定资产货物和服务价值的差额，即所有常住单位得增加值之和；从收入形态看，它是所有常住单位在一定时期内创造的各项收入之和，包括劳动者报酬、生产税净额、固定资产折旧和营业盈余；从产品形态看，它是所有常住单位在一定时期内最终使用的货物和服务价值与货物和服务净出口价值之和。在实际核算中，国内生产总值有三种计算方法，即生产法、收入法和支出法。三种方法分别从不同的方面反映国内生产总值及其构成。对于一个地区来说，称为地区生产总值或地区 GDP。

5.**三次产业**：三次产业的划分是世界上较为常用的产业结构分类，但各国的划分不尽一致。根据《国民经济行业分类》（GB/T 4754—2017）和《三次产业划分规定》，我国的三次产业划分是：第一产业是指农、林、牧、渔业（不含农、林、牧、渔专业及辅助性活动）。第二产业是指采矿业（不含开采专业及辅助活动），制造业（不含金属制品、机械和设备修理业），电力、热力、燃气及水生产和供应业，建筑业。第三产业即服务业，是指除第一产业、第二产业以外的其他行业。

6.**全社会固定资产投资总额**：是以货币形式表现的在一定时期内全社会建造和购置固定资产的工作量以及与此有关费用的总称。该指标反映固定资产投资规模、结构和发展速度的综合性指标。全社会固定资产投资按登记注册类型可分为国有、集体、联营、股份制、私营和个体、港澳台商、外商、其他等。

7.**货物进出口总额**：指实际进出我国关境的货物总金额。包括对外贸易实际进出口货物，来料加工装配进出口货物，国家间、联合国及国际组织无偿援助货物和赠送品，华侨、港澳台同胞和外籍华人捐赠品，华侨、港澳台同胞和外籍华人捐赠品，租赁期满归承租人所有的租赁货物，中外合资企业、中外合作经营企业、外商独资经营企业进出口货物和公用物品，到、离岸价格在规定限额以上的进出口货样和广告品（无商业价值、无使用价值和免费提供出口的除外），从报税仓库提取在中国境内销售的进口货物，以及其他进出口货物。该指标可以观察一个国家在货物贸易方面的总规模。我国规定出口货物按离岸价格统计，进口货物按到岸价格统计。

8.**能源生产总量**：在一定时期内，全国一次能源生产量的总和。该指标是观察全国能源生产水平、规模、构成和发展速度的总量指标。一次能源生产量包括原煤、原油、天然气、水电、核能及其他动力能（如风能、地热能等）发电量，不包括低热值燃料生产量、太阳热能等的利用和由一次能源加工转换而成的二次能源总量。

9.**能源消费总量**：指一定地域内，国民经济各行业和居民家庭在一定时期内消费的各种能源的总和。包括：原煤、原油、天然气、水能、核能、风能、太阳能、地热能、生物质能等一次能源；一次能源通过加工转换生产的洗煤、焦炭、煤气、电力、热力、成品油等二次能源和同时产生的其他产品；其他化石能源、可再生能源和新能源。其中水能、风能、太阳能、地热能、生物质等可再生能源，是指人们通过一定技术手段获得的，并作为商品能源使用的部分。在核算过程中，一次能源、二次能源消费不能重复计算。能源消费总量为终端能源消费量、能源加工转换损失量和能源损失量三部分。

10.**发电量**：是指电厂在报告期内生产的电能量。

11.**非化石能源发电**：指非煤炭、石油、天然气等经长时间地质变化形成，只供一次性使用的能源类型外的其他能源发电类型。即水电、核电、风电、太阳能发电、生物质发电、地热能和海洋能发电等。

12.**全社会用电量**：指报告期内全社会对电力的全部消费总量，它包括国民经济各行业的电力消费和城乡居民生活电力消费。

13.**第一产业用电量**：指农业、林业、牧业、渔业（不含农、林、牧、渔服务业）用电。

14.**第二产业用电量**：指采矿业（不含开采辅助活动），制造业（不含金属制品、机械和设备修理业），电力、热力、燃气及水生产和供应业，建筑业用电。

15.**第三产业用电量**：即服务业用电，是指除第一产业、第二产业以外的其他行业用电。包括：批发和零售业，交通运输、仓储和邮政业，住宿和餐饮业，信息传输、软件和信息技术服务业，金融业，房地产业，租赁和商务服务业，科学研究和技术服务业，水利、环境和公共设施管理业，居民服务、修理和其他服务业，教育，卫生和社会工作，文化、体育和娱乐业，公共管理、社会保障和社会组织，国际组织，以及农、林、牧、渔业中的农、林、牧、渔服务业，采矿业中的开采辅助活动，制造业中的金属制品、机械和设备修理业用电。

16.**城乡居民生活用电量**：指城镇居民和乡村居民家庭照明、家用电器等生活用电量的总和。

17.**发电装机容量**：本册中发电装机容量指期末发电设备容量，它是指报告期（月、季、年）的最后一天 24 时，发电厂实际拥有的在役发电机组容量的总和。期末的发电设备容量即为下一期初的发电设备容量。

18.**输电线路长度**：指输送电量的电力线路的长度，分为杆路长度和回路长度。

（1）杆路长度指一条线路从起点到终点的杆距总和。如在同一杆路上架设不同电压的线路，则杆路长度按每一不同电压的线路分别计算，但电压相同的不能重复计算。

（2）回路长度指一条线路两端控制电器（或 T 接或 π 接的接点）间的杆距总和。如一条线路上只有一回线路时，则杆路长度与回路长度相同。如一条线路上装设有相同电压和不同电压的几个回路时，应以各回路的总和作为这条线路的回路长度。

19.**本年完成投资**：指从本年 1 月 1 日起至报告期末止完成的全部投资额。实际完成投资额是以货币表示的工作量指标，包括实际完成的建筑安装工程价值，设备、工具、器具的购置费，以及实际发生的其他费用。

20.**供热机组容量**：指热电厂中专门用于供热的机组设备总容量。

21.**供热量**：指火力发电机组在发电的同时，电厂对外供给蒸汽或热水的总热量，电力工业一般只统计电厂的供热量。

22.**发电（供热）耗用原煤量**：指在发电（供热）生产过程中发电（供热）消耗的燃料，不包括下列耗用量（或用汽、热水折算的燃料量）：

（1）新设备或大修后设备的烘炉、煮炉、暖机、空载运行的电力和燃料的消耗量；

（2）新设备在未移交生产前的带负荷试运行期间，耗用的电量和燃料；

（3）计划大修以及基建、更改工程施工用的电力和燃料；

（4）发电机作调相运行时耗用的电力和燃料；

（5）自备机车、船舶等耗用的电力和燃料；

（6）升、降压变压器（不包括厂用电变压器）、变波机、调相机等消耗的电力；

（7）修配车间、车库、副业、综合利用、集体企业、外供及非生产用（食堂、宿舍、幼儿园、学校、医院、服务公司和办公室等）的电力和燃料。

23.发电厂用电率：指发电厂生产电能过程中消耗的电量（称发电厂用电量）与发电量的比率。

24.平均利用小时：指报告期内平均发电设备容量在满负荷运行条件下的运行小时数，反映发电设备按照铭牌容量计算的设备利用程度的指标，计算公式为：发电设备平均利用小时 = 发电量 / 发电设备平均容量（注：此公式中的发电量不含试运行电量）。

25.标准煤量：指将不能直接相加的各种不同发热量的燃料按一定系数折合成标准燃料的一种方法。标准煤量(吨) = Σ 某种燃料数量(吨) ×该燃料低位发热量(千焦/千克) / 29308(千焦/千克)。

26.发电标准煤耗：指火力发电机组每发一千瓦时电能平均耗用的标准煤量。

27.供电标准煤耗：指火力发电机组每供出一千瓦时电能平均耗用的标准煤量。

28.电力生产弹性系数：是研究电力生产增长速度与国民经济增长速度之间关系的指标。计算公式：电力生产弹性系数=电力生产量年平均增长速度/国民经济年平均增长速度。

29.电力消费弹性系数：反映电力消费增长速度与国民经济增长速度之间比例关系的指标。计算公式：电力消费弹性系数=电力消费年平均增长速度/国民经济年平均增长速度。

2

发电生产

2-1　分地区发电装机容量(合计)

单位：万千瓦

地　区	2016年	2017年	2018年	2019年	2020年
全　国	**165051**	**177708**	**190012**	**201006**	**220204**
北　京	1103	1219	1276	1304	1316
天　津	1467	1499	1709	1842	1917
河　北	6275	6807	7427	8319	10042
山　西	7640	8073	8758	9249	10383
内蒙古	11045	11826	12285	12931	14639
辽　宁	4601	4869	5192	5370	5776
吉　林	2716	2864	3055	3122	3278
黑龙江	2783	2969	3129	3246	3536
上　海	2371	2400	2525	2664	2669
江　苏	10160	11469	12657	13288	14146
浙　江	8331	8899	9565	9789	10142
安　徽	5733	6468	7089	7394	7816
福　建	5210	5597	5770	5909	6372
江　西	2866	3167	3554	3782	4401
山　东	10942	12556	13107	14044	15560
河　南	7218	7880	8680	9306	10169
湖　北	6745	7124	7401	7862	8273
湖　南	4121	4277	4522	4669	4915
广　东	10457	10968	11929	12870	14224
广　西	4152	4332	4513	4615	5178
海　南	745	786	919	918	999
重　庆	2178	2326	2386	2448	2488
四　川	9108	9721	9833	9929	10105
贵　州	5510	5778	6039	6599	7478
云　南	8645	8957	9341	9620	10266
西　藏	233	281	304	327	395
陕　西	3740	4192	5443	6242	7366
甘　肃	4825	4995	5113	5268	5620
青　海	2345	2543	2800	3168	4030
宁　夏	3675	4188	4715	5296	5943
新　疆	8109	8679	8978	9614	10763

2-2 分地区发电装机容量增速(合计)

单位：%

地 区	2016年	2017年	2018年	2019年	2020年
全 国	**8.2**	**7.7**	**6.5**	**5.8**	**9.6**
北 京	1.6	10.5	4.6	2.2	0.9
天 津	10.8	2.2	14.0	7.8	4.0
河 北	8.6	8.5	9.1	12.0	20.7
山 西	9.7	5.7	8.5	5.6	12.3
内蒙古	6.2	7.1	3.9	5.3	13.2
辽 宁	6.5	5.8	6.7	3.4	7.5
吉 林	4.0	5.5	6.7	2.2	5.0
黑龙江	5.1	6.7	5.4	3.7	8.9
上 海	1.2	1.2	5.2	5.5	0.2
江 苏	6.5	12.9	10.4	5.0	6.5
浙 江	2.1	6.8	7.5	2.3	3.6
安 徽	11.1	12.8	9.6	4.3	5.7
福 建	5.9	7.4	3.1	2.4	7.8
江 西	20.0	10.5	12.2	6.4	16.4
山 东	12.6	14.8	4.4	7.2	10.8
河 南	7.0	9.2	10.2	7.2	9.3
湖 北	5.2	5.6	3.9	6.2	5.2
湖 南	6.0	3.8	5.7	3.2	5.3
广 东	6.5	4.9	8.8	7.9	10.5
广 西	20.1	4.3	4.2	2.3	12.2
海 南	17.4	5.5	16.9	-0.1	8.7
重 庆	3.3	6.8	2.6	2.6	1.6
四 川	5.0	6.7	1.1	1.0	1.8
贵 州	8.8	4.9	4.5	9.3	13.3
云 南	9.2	3.6	4.3	3.0	6.7
西 藏	19.0	20.3	8.3	7.4	20.9
陕 西	10.4	12.1	10.3	14.7	18.0
甘 肃	3.9	3.5	2.4	3.0	6.7
青 海	13.1	8.5	10.1	13.2	27.2
宁 夏	16.4	14.0	12.6	12.3	12.2
新 疆	16.0	7.0	3.4	7.1	12.0

2-3 分地区发电装机容量(水电)

单位：万千瓦

地 区	2016年	2017年	2018年	2019年	2020年
全 国	**33207**	**34359**	**35259**	**35804**	**37028**
北 京	98	98	98	99	99
天 津	1	1	1	1	1
河 北	182	182	182	182	182
山 西	244	244	223	223	223
内蒙古	241	242	242	239	242
辽 宁	293	295	299	302	305
吉 林	378	380	385	445	510
黑龙江	102	103	104	108	109
上 海					
江 苏	115	265	265	265	265
浙 江	1154	1160	1161	1170	1171
安 徽	295	310	312	345	474
福 建	1304	1307	1322	1321	1331
江 西	613	615	627	661	660
山 东	108	108	108	108	108
河 南	399	399	401	408	408
湖 北	3663	3671	3675	3679	3757
湖 南	1553	1570	1598	1612	1581
广 东	1411	1486	1576	1576	1666
广 西	1665	1669	1677	1681	1759
海 南	91	114	154	154	151
重 庆	688	736	756	772	779
四 川	7246	7714	7824	7846	7892
贵 州	2089	2119	2212	2223	2281
云 南	6088	6281	6649	6873	7480
西 藏	156	158	160	170	210
陕 西	272	326	385	391	392
甘 肃	861	868	927	943	957
青 海	1192	1191	1192	1192	1193
宁 夏	43	43	43	43	43
新 疆	665	702	702	773	800

2-4 分地区发电装机容量增速(水电)

单位：%

地 区	2016年	2017年	2018年	2019年	2020年
全 国	**3.9**	**3.5**	**2.5**	**1.5**	**3.4**
北 京				0.8	
天 津					
河 北	0.1	-0.1			0.04
山 西		0.1	-8.8		
内蒙古	1.1	0.6		-1.4	1.4
辽 宁	0.1	0.7	1.4	0.9	0.9
吉 林	0.1	0.8	1.2	15.4	14.8
黑龙江	0.1	1.5	0.9	3.8	1.1
上 海					
江 苏	0.3	131.0			
浙 江	15.1	0.5	0.1	0.8	0.1
安 徽	1.4	5.0	0.5	10.8	37.2
福 建	0.3	0.3	1.1	-0.1	0.8
江 西	25.2	0.4	1.9	5.5	-0.2
山 东	0.1		0.3		0.15
河 南	0.1	0.02	0.5	1.7	
湖 北	0.3	0.2	0.1	0.1	2.1
湖 南	1.2	1.1	1.7	0.9	-1.9
广 东	4.1	5.3	6.1		5.7
广 西	1.2	0.3	0.4	0.3	4.6
海 南	46.9	24.9	35.7		-2.5
重 庆	1.7	7.0	2.7	2.2	0.9
四 川	4.4	6.5	1.4	0.3	0.6
贵 州	1.6	1.4	4.4	0.5	2.6
云 南	5.3	3.2	5.9	3.4	8.8
西 藏	15.5	1.2	1.1	6.2	23.9
陕 西	2.2	19.8	1.6	1.5	0.4
甘 肃	1.1	0.8	6.9	1.7	1.5
青 海	4.0	-0.1	0.1		0.05
宁 夏					0.1
新 疆	16.0	5.5		10.2	3.5

2-5 分地区发电装机容量(火电)

单位：万千瓦

地 区	2016年	2017年	2018年	2019年	2020年
全 国	**106094**	**110495**	**114408**	**118957**	**124624**
北 京	971	1077	1119	1135	1136
天 津	1378	1402	1529	1639	1668
河 北	4510	4574	4617	5021	5391
山 西	6329	6366	6628	6687	6878
内蒙古	7609	8170	8229	8721	9374
辽 宁	3114	3193	3383	3446	3643
吉 林	1777	1820	1892	1845	1852
黑龙江	2104	2201	2212	2253	2423
上 海	2264	2271	2365	2475	2450
江 苏	8727	9430	9749	10050	10079
浙 江	6062	6134	6209	6212	6358
安 徽	4915	5053	5413	5521	5561
福 建	2902	3074	3128	3172	3478
江 西	1918	1934	2165	2205	2455
山 东	9540	10335	10367	10713	11135
河 南	6431	6544	6821	7050	7068
湖 北	2694	2787	2884	3157	3316
湖 南	2322	2267	2284	2280	2269
广 东	7721	7768	8137	8628	9582
广 西	2185	2217	2288	2294	2344
海 南	464	465	465	465	546
重 庆	1462	1544	1537	1548	1545
四 川	1642	1662	1575	1570	1596
贵 州	3014	3160	3263	3410	3560
云 南	1612	1613	1508	1509	1517
西 藏	41	40	42	42	43
陕 西	3043	3144	3937	4380	4993
甘 肃	2002	2059	2064	2104	2308
青 海	402	399	379	393	393
宁 夏	2165	2583	2845	3219	3326
新 疆	4775	5207	5377	5813	6337

2-6 分地区发电装机容量增速(火电)

单位：%

地 区	2016年	2017年	2018年	2019年	2020年
全 国	**5.5**	**4.1**	**3.1**	**4.0**	**4.8**
北 京	0.6	10.9	3.8	1.5	0.1
天 津	7.4	1.7	9.0	7.2	1.8
河 北	3.7	1.4	0.9	8.7	7.4
山 西	6.5	0.6	4.1	0.9	2.8
内蒙古	4.8	7.4	0.7	6.0	7.5
辽 宁	1.3	2.5	6.0	1.9	5.7
吉 林	-0.3	2.4	4.0	-2.4	0.4
黑龙江	3.1	4.6	0.5	1.9	7.5
上 海	0.1	0.3	4.2	4.6	-1.0
江 苏	4.1	8.1	3.4	3.1	0.3
浙 江	-2.7	1.2	1.2		2.4
安 徽	6.6	2.8	7.1	2.0	0.7
福 建	0.4	5.9	1.8	1.4	9.6
江 西	7.2	0.8	12.0	1.9	11.3
山 东	9.0	8.3	0.3	3.3	3.9
河 南	3.5	1.8	4.2	3.4	0.3
湖 北	4.6	3.4	3.5	9.4	5.1
湖 南	6.2	-2.3	0.7	-0.2	-0.5
广 东	5.4	0.6	4.7	6.0	11.1
广 西	32.2	1.5	3.2	0.3	2.2
海 南	0.6	0.3			17.3
重 庆	3.7	5.6	-0.4	0.7	-0.2
四 川	1.1	1.2	-5.2	-0.3	1.6
贵 州	12.3	4.9	3.2	4.5	4.4
云 南	14.9	0.1	-6.5		0.6
西 藏	2.0	-2.6	3.7	1.4	1.2
陕 西	3.6	3.3	7.6	11.3	14.0
甘 肃	3.7	2.9	0.2	2.0	9.7
青 海	26.5	-0.7	-5.0	3.5	0.0
宁 夏	9.1	19.3	10.1	13.2	3.3
新 疆	13.7	9.1	3.3	8.1	9.0

2-7 分地区发电装机容量(风电)

单位：万千瓦

地 区	2016年	2017年	2018年	2019年	2020年
全 国	**14747**	**16400**	**18427**	**20915**	**28165**
北 京	19	19	19	19	19
天 津	29	29	52	60	85
河 北	1138	1181	1391	1639	2274
山 西	771	872	1043	1251	1974
内蒙古	2557	2670	2868	2920	3786
辽 宁	695	711	761	832	981
吉 林	505	505	514	557	577
黑龙江	561	570	598	611	686
上 海	71	71	71	81	82
江 苏	561	656	865	1041	1547
浙 江	119	133	148	160	186
安 徽	177	217	246	274	412
福 建	214	252	300	376	486
江 西	108	169	225	286	510
山 东	839	1061	1146	1354	1795
河 南	104	233	468	794	1518
湖 北	201	253	331	405	502
湖 南	217	263	348	427	669
广 东	268	335	357	441	565
广 西	70	150	208	287	653
海 南	31	34	34	29	29
重 庆	28	33	50	64	97
四 川	125	210	253	325	426
贵 州	362	363	386	457	580
云 南	737	825	857	863	881
西 藏	1	1	1	1	1
陕 西	179	364	405	532	892
甘 肃	1277	1282	1282	1297	1373
青 海	69	162	267	462	843
宁 夏	942	942	1011	1116	1377
新 疆	1776	1836	1921	1956	2361

2-8 分地区发电装机容量增速(风电)

单位：%

地 区	2016年	2017年	2018年	2019年	2020年
全 国	**12.8**	**10.7**	**12.4**	**13.5**	**34.7**
北 京	24.0	1.3		-0.8	
天 津			82.0	15.3	41.1
河 北	11.3	3.8	17.8	17.8	38.8
山 西	15.2	13.1	19.7	20.0	57.7
内蒙古	5.4	4.4	7.4	1.8	29.7
辽 宁	8.7	2.3	7.0	9.4	17.9
吉 林	13.6		1.8	8.5	3.5
黑龙江	11.5	1.7	4.9	2.1	12.3
上 海	16.5			14.0	1.5
江 苏	36.2	16.8	31.9	20.41	48.6
浙 江	14.2	11.8	11.6	7.8	16.0
安 徽	30.4	23.1	13.3	11.3	50.1
福 建	24.4	17.6	19.2	25.4	29.1
江 西	59.7	56.8	33.5	26.8	78.6
山 东	16.28	26.5	8.0	18.2	32.6
河 南	14.2	124.0	100.7	69.8	91.2
湖 北	49.5	25.8	31.0	22.4	23.8
湖 南	43.1	21.6	32.0	22.7	56.7
广 东	8.8	24.8	6.8	23.5	28.1
广 西	72.5	115.3	38.6	38.2	127.6
海 南	1.2	7.2		-14.2	
重 庆	21.7	17.7	51.6	27.2	52.2
四 川	70.0	68.8	20.1	28.4	31.2
贵 州	12.1	0.5	6.3	18.2	27.2
云 南	20.0	11.9	3.9	0.6	2.1
西 藏					
陕 西	57.1	61.5	11.4	31.2	67.7
甘 肃	2.0	0.4		1.2	5.9
青 海	46.8	136.3	64.8	73.0	82.5
宁 夏	14.5		7.4	10.4	23.3
新 疆	5.0	3.4	4.6	1.8	20.7

2-9 分地区发电装机容量(太阳能发电)

单位：万千瓦

地 区	2016年	2017年	2018年	2019年	2020年
全 国	**7631**	**13042**	**17433**	**20429**	**25356**
北 京	15	25	40	51	62
天 津	60	68	128	143	164
河 北	443	868	1234	1474	2190
山 西	297	590	864	1088	1309
内蒙古	638	743	946	1051	1237
辽 宁	52	223	302	343	400
吉 林	56	159	265	274	338
黑龙江	17	94	215	274	318
上 海	35	58	89	109	137
江 苏	546	907	1332	1486	1684
浙 江	338	814	1138	1339	1517
安 徽	345	888	1118	1254	1370
福 建	27	92	148	169	202
江 西	228	449	536	630	776
山 东	455	1052	1361	1619	2272
河 南	284	703	991	1054	1175
湖 北	187	413	510	621	698
湖 南	30	176	292	344	391
广 东	117	332	527	610	797
广 西	16	78	124	135	205
海 南	29	43	136	140	143
重 庆	0.5	12	43	65	67
四 川	96	135	181	188	191
贵 州	46	135	178	510	1057
云 南	208	238	326	375	388
西 藏	33	79	98	110	137
陕 西	246	535	716	939	1089
甘 肃	686	786	839	924	982
青 海	682	791	962	1122	1601
宁 夏	526	620	816	918	1197
新 疆	893	934	978	1072	1266

2-10 分地区发电装机容量增速(太阳能发电)

单位：%

地 区	2016年	2017年	2018年	2019年	2020年
全 国	**80.9**	**69.6**	**33.7**	**17.2**	**24.1**
北 京	102.2	62.2	59.8	28.3	20.5
天 津	391.4	14.0	88.4	11.8	14.5
河 北	99.5	96.1	42.1	19.5	48.6
山 西	166.3	98.9	46.4	25.9	20.3
内蒙古	35.5	16.5	27.4	11.1	17.7
辽 宁	219.0	328.0	35.7	13.6	16.4
吉 林	734.7	183.9	66.4	3.4	23.2
黑龙江	701.9	467.0	128.4	27.5	15.9
上 海	67.2	63.8	53.2	22.6	25.8
江 苏	29.1	66.3	46.8	11.5	13.4
浙 江	106.6	140.6	39.9	17.6	13.3
安 徽	185.8	157.1	25.9	12.2	9.2
福 建	112.4	236.4	60.1	14.2	19.7
江 西	424.7	96.9	19.3	17.4	23.2
山 东	242.7	131.4	29.36	19.0	40.3
河 南	596.7	147.4	40.87	6.4	11.5
湖 北	290.0	121.0	23.4	21.8	12.2
湖 南	74.4	494.8	66.4	17.6	13.6
广 东	90.1	182.6	59.0	15.7	30.7
广 西	34.2	377.9	58.7	9.1	51.3
海 南	81.5	50.3	212.4	2.9	2.4
重 庆		2593.5	244.6	51.6	3.7
四 川	164.0	40.4	34.1	4.0	1.7
贵 州	1433.3	193.5	31.5	187.0	107.3
云 南	77.0	14.7	36.9	15.0	3.5
西 藏	91.1	143.0	23.4	12.3	24.7
陕 西	241.8	76.2	33.9	31.2	16.0
甘 肃	12.5	14.5	6.8	10.0	6.3
青 海	21.0	16.0	21.6	16.6	42.7
宁 夏	70.3	17.9	31.6	12.5	30.4
新 疆	68.9	4.6	4.7	9.5	18.2

2-11 分地区发电量(合计)

单位：亿千瓦时

地 区	2016年	2017年	2018年	2019年	2020年
全 国	**60228**	**64171**	**69947**	**73269**	**76264**
北 京	436	394	449	461	456
天 津	600	596	670	673	699
河 北	2476	2657	2787	2887	2945
山 西	2511	2766	3088	3253	3395
内蒙古	3950	4424	5005	5451	5703
辽 宁	1733	1791	1926	1992	2039
吉 林	743	783	871	926	990
黑龙江	919	954	1029	1088	1111
上 海	832	866	857	837	864
江 苏	4754	4885	5031	5062	5074
浙 江	3190	3348	3508	3544	3521
安 徽	2253	2470	2726	2880	2785
福 建	2005	2186	2462	2573	2636
江 西	1085	1186	1301	1403	1477
山 东	4863	4860	5218	5285	5781
河 南	2596	2703	2974	2816	2791
湖 北	2494	2646	2851	2973	3037
湖 南	1334	1340	1432	1551	1552
广 东	4036	4348	4572	4852	5048
广 西	1276	1345	1617	1827	1939
海 南	288	305	327	345	348
重 庆	683	727	799	812	837
四 川	3370	3569	3761	3903	4167
贵 州	1955	2012	2117	2257	2327
云 南	2693	2958	3244	3462	3674
西 藏	51	58	67	84	87
陕 西	1464	1604	2005	2223	2426
甘 肃	1209	1342	1599	1659	1787
青 海	553	616	805	883	948
宁 夏	1187	1404	1614	1703	1768
新 疆	2693	3030	3235	3606	4052

2-12 分地区发电量增速(合计)

单位：%

地　区	2016年	2017年	2018年	2019年	2020年
全　国	**4.9**	**6.5**	**8.4**	**4.7**	**4.1**
北　京	3.5	-9.6	14.0	2.8	-1.2
天　津	-0.1	-0.7	12.4	0.5	3.8
河　北	7.6	7.3	4.9	3.6	2.0
山　西	2.2	10.2	11.6	5.4	4.4
内蒙古	0.7	12.0	13.1	8.9	4.6
辽　宁	7.0	3.4	7.5	3.4	2.4
吉　林	5.5	5.4	11.3	6.3	6.9
黑龙江	2.7	3.8	7.9	5.7	2.2
上　海	1.4	4.0	-1.0	-2.3	3.2
江　苏	7.4	2.8	3.0	0.6	0.2
浙　江	7.3	5.0	4.8	1.0	-0.6
安　徽	9.3	9.7	10.4	5.6	-3.3
福　建	6.5	9.0	12.6	4.5	2.5
江　西	10.5	9.2	9.8	7.8	5.2
山　东	5.3	-0.1	7.4	1.3	9.4
河　南	1.5	4.1	10.0	-5.3	-0.9
湖　北	5.8	6.1	7.8	4.3	2.1
湖　南	6.4	0.5	6.9	8.3	0.1
广　东	6.5	7.7	5.2	6.1	4.1
广　西	-3.3	5.4	20.2	13.0	6.1
海　南	12.5	6.2	7.2	5.4	0.8
重　庆	0.03	6.4	9.9	1.6	3.1
四　川	5.0	5.9	5.4	3.8	6.8
贵　州	1.3	2.9	5.2	6.6	3.1
云　南	5.5	9.9	9.6	6.7	6.1
西　藏	34.8	14.3	15.4	24.1	4.1
陕　西	10.8	9.5	2.2	10.9	9.1
甘　肃	-1.5	11.0	19.1	3.8	7.7
青　海	-3.5	11.4	30.8	9.6	7.4
宁　夏	1.8	18.3	15.0	5.5	3.8
新　疆	8.6	12.5	6.7	11.5	12.4

2-13 分地区发电量(水电)

单位：亿千瓦时

地 区	2016年	2017年	2018年	2019年	2020年
全 国	**11748**	**11931**	**12321**	**13021**	**13553**
北 京	12	11	10	10	11
天 津		0.1	0.2	0.1	0.1
河 北	24	20	17	16	15
山 西	39	42	43	49	47
内蒙古	27	24	45	58	57
辽 宁	56	45	46	44	57
吉 林	85	77	79	67	94
黑龙江	23	25	26	28	32
上 海					
江 苏	17	29	34	31	32
浙 江	274	212	192	257	209
安 徽	63	57	53	51	66
福 建	631	416	325	442	292
江 西	199	157	116	168	145
山 东	14	7	5	5	9
河 南	93	100	144	145	140
湖 北	1399	1494	1471	1357	1647
湖 南	560	498	432	544	574
广 东	423	301	292	397	286
广 西	600	614	609	593	615
海 南	23	26	27	17	17
重 庆	247	253	242	243	281
四 川	2989	3164	3249	3316	3541
贵 州	727	733	770	769	831
云 南	2268	2502	2699	2854	2960
西 藏	46	51	57	68	70
陕 西	69	93	102	129	128
甘 肃	314	374	444	496	507
青 海	302	332	517	554	599
宁 夏	14	16	20	22	22
新 疆	211	256	254	290	268

2-14 分地区发电量增速(水电)

单位：%

地 区	2016年	2017年	2018年	2019年	2020年
全 国	**5.6**	**1.6**	**3.1**	**5.7**	**4.1**
北 京	85.8	-8.1	-11.8	3.7	12.5
天 津	-80.0	133.3	114.3	-20.3	-17.0
河 北	109.5	-14.1	-18.6	-0.8	-7.7
山 西	25.0	8.7	1.9	14.4	-4.7
内蒙古	-24.5	-14.3	91.4	28.9	-1.2
辽 宁	73.5	-19.2	1.9	-5.6	29.8
吉 林	59.0	-8.8	1.9	-15.2	40.6
黑龙江	18.6	9.2	4.1	7.5	15.5
上 海					
江 苏	47.5	68.3	14.1	-8.4	4.6
浙 江	19.8	-22.6	-9.7	33.9	-18.5
安 徽	29.8	-10.1	-5.8	-4.4	29.6
福 建	43.6	-34.0	-21.8	36.0	-34.0
江 西	15.9	-20.7	-26.2	44.5	-13.6
山 东	94.4	-52.2	-27.3	7.7	65.8
河 南	-14.8	7.8	44.3	0.7	-3.3
湖 北	7.4	6.8	-1.5	-7.8	21.4
湖 南	7.7	-11.1	-13.3	25.9	5.5
广 东	49.0	-28.7	-3.0	35.6	-28.0
广 西	-21.2	2.3	-0.8	-2.5	3.6
海 南	151.4	13.5	4.0	-36.8	-3.2
重 庆	7.7	2.2	-4.2	0.3	15.7
四 川	8.0	5.9	2.7	2.1	6.8
贵 州	-12.0	0.8	5.0	-0.1	8.0
云 南	4.2	10.3	7.9	5.8	3.7
西 藏	34.7	11.1	12.7	19.8	2.6
陕 西	-15.9	34.2	-6.9	27.0	-0.9
甘 肃	-6.7	19.3	18.7	11.8	2.2
青 海	-18.5	9.9	55.8	7.2	8.1
宁 夏	-9.0	10.8	26.6	9.6	2.9
新 疆	3.6	21.8	-0.8	13.8	-7.4

2-15 分地区发电量(火电)

单位：亿千瓦时

地 区	2016年	2017年	2018年	2019年	2020年
全 国	**43273**	**45558**	**49249**	**50465**	**51770**
北 京	419	377	433	443	434
天 津	591	584	654	647	668
河 北	2196	2296	2361	2377	2352
山 西	2309	2503	2739	2852	2924
内蒙古	3375	3736	4198	4564	4731
辽 宁	1344	1349	1381	1395	1410
吉 林	588	606	664	705	721
黑龙江	808	816	859	887	895
上 海	818	846	833	812	835
江 苏	4438	4481	4462	4364	4290
浙 江	2366	2544	2598	2507	2432
安 徽	2135	2311	2519	2657	2531
福 建	915	1139	1405	1406	1551
江 西	857	967	1093	1128	1199
山 东	4671	4615	4824	4680	5116
河 南	2474	2528	2689	2481	2400
湖 北	1048	1075	1267	1485	1243
湖 南	732	786	919	906	849
广 东	2850	3165	3283	3222	3425
广 西	559	575	796	988	1032
海 南	197	195	211	212	215
重 庆	431	467	547	554	538
四 川	349	354	435	488	513
贵 州	1171	1210	1263	1390	1354
云 南	253	240	290	318	415
西 藏	0.3	0.4	1	1	1
陕 西	1346	1427	1761	1917	2084
甘 肃	699	707	830	817	901
青 海	151	153	120	104	101
宁 夏	989	1158	1310	1381	1415
新 疆	2195	2349	2506	2777	3193

2-16 分地区发电量增速(火电)

单位：%

地 区	2016年	2017年	2018年	2019年	2020年
全 国	**2.3**	**5.3**	**7.3**	**2.5**	**2.6**
北 京	1.9	-10.0	14.7	2.4	-2.0
天 津	-0.5	-1.3	12.0	-1.1	3.3
河 北	4.3	4.6	2.8	0.7	-1.1
山 西	-0.4	8.4	9.4	4.2	2.5
内蒙古	-1.4	10.7	12.4	8.7	3.7
辽 宁	1.1	0.3	2.4	1.0	1.1
吉 林	-0.3	3.0	9.6	6.2	2.3
黑龙江	0.5	1.0	5.2	3.4	0.9
上 海	0.9	3.5	-1.6	-2.5	2.8
江 苏	6.9	1.0	-0.4	-2.2	-1.7
浙 江	6.5	7.5	2.1	-3.5	-3.0
安 徽	7.3	8.2	9.0	5.5	-4.7
福 建	-17.5	24.5	23.3	0.1	10.3
江 西	7.5	12.9	13.0	3.3	6.3
山 东	4.2	-1.2	4.5	-3.0	9.3
河 南	1.6	2.2	6.4	-7.7	-3.3
湖 北	1.8	2.6	17.8	17.3	-16.3
湖 南	3.1	7.4	16.9	-1.5	-6.2
广 东	-0.1	11.0	3.7	-1.9	6.3
广 西	2.7	3.0	38.3	24.1	4.5
海 南	-16.1	-0.6	8.2	0.4	1.4
重 庆	-4.3	8.3	17.2	1.4	-3.0
四 川	-18.6	1.2	22.9	12.2	5.2
贵 州	9.4	3.3	4.4	10.0	-2.6
云 南	-8.4	-5.1	21.2	9.6	30.4
西 藏	10.3	31.3	183.3	-2.0	0.7
陕 西	10.8	6.0	0.8	8.8	8.7
甘 肃	-1.0	1.1	17.4	-1.6	10.3
青 海	25.8	1.5	-21.7	-13.0	-3.0
宁 夏	-3.6	17.1	13.1	5.4	2.5
新 疆	6.2	7.0	6.7	10.8	15.0

2-17 分地区发电量(风电)

单位：亿千瓦时

地 区	2016年	2017年	2018年	2019年	2020年
全 国	**2409**	**3046**	**3658**	**4053**	**4665**
北 京	3	3	3	3	4
天 津	6	6	8	11	12
河 北	216	263	283	318	368
山 西	135	165	212	224	266
内蒙古	464	551	632	666	726
辽 宁	129	150	165	183	194
吉 林	67	87	105	115	130
黑龙江	88	108	125	140	141
上 海	14	17	18	17	19
江 苏	98	120	173	184	229
浙 江	23	25	31	33	36
安 徽	34	41	50	47	57
福 建	50	65	72	87	122
江 西	19	31	41	51	71
山 东	147	166	214	225	259
河 南	18	30	57	88	139
湖 北	35	48	64	74	82
湖 南	39	50	60	75	99
广 东	50	62	63	74	103
广 西	13	25	42	61	106
海 南	6	6	5	5	6
重 庆	5	7	8	11	14
四 川	21	35	55	71	86
贵 州	55	63	68	78	97
云 南	149	188	220	242	250
西 藏	0.1	0.1	0.1	0.1	0.2
陕 西	28	54	72	83	95
甘 肃	136	188	230	228	246
青 海	10	18	38	66	82
宁 夏	129	155	187	186	194
新 疆	220	318	358	407	434

2-18 分地区发电量增速(风电)

单位：%

地 区	2016年	2017年	2018年	2019年	2020年
全 国	**29.8**	**26.0**	**20.1**	**10.8**	**15.1**
北 京	27.8	6.7	0.3	-2.2	9.5
天 津	-6.8	1.0	35.8	34.5	7.5
河 北	28.8	21.6	7.4	12.4	15.7
山 西	35.2	21.9	28.6	5.7	18.4
内蒙古	13.8	18.7	14.7	5.3	9.1
辽 宁	15.5	15.8	10.3	10.9	5.9
吉 林	11.0	29.8	20.7	9.4	13.0
黑龙江	21.7	23.3	15.4	12.3	1.0
上 海	35.3	23.1	6.5	-4.6	11.9
江 苏	51.8	23.2	43.2	6.6	24.5
浙 江	42.6	8.3	20.6	6.6	11.7
安 徽	66.1	19.7	22.4	-6.3	20.9
福 建	14.5	28.4	12.1	20.7	40.1
江 西	65.7	67.4	31.1	24.6	37.8
山 东	20.8	13.3	28.5	5.4	15.2
河 南	51.3	63.5	88.8	54.7	57.4
湖 北	69.6	37.5	33.3	14.6	10.8
湖 南	76.5	26.8	20.9	24.4	31.9
广 东	19.2	24.2	2.5	17.7	38.5
广 西	109.6	93.6	68.8	46.1	73.2
海 南	-7.1	5.1	-11.5	-7.5	20.7
重 庆	56.8	51.6	9.3	37.7	26.6
四 川	120.8	67.2	54.2	30.4	21.0
贵 州	68.4	14.3	8.4	14.1	24.1
云 南	59.3	26.4	16.8	9.9	3.4
西 藏	7.7	-7.1	7.7	16.4	-13.0
陕 西	59.1	48.6	33.4	16.6	13.7
甘 肃	7.7	37.5	22.6	-0.8	8.0
青 海	45.3	76.9	112.9	77.0	22.6
宁 夏	45.7	20.2	20.6	-0.7	4.7
新 疆	45.8	44.7	12.3	13.8	6.6

2-19 分地区发电量(太阳能发电)

单位：亿千瓦时

地　区	2016年	2017年	2018年	2019年	2020年
全　国	**665**	**1178**	**1769**	**2240**	**2611**
北　京	1	2	3	5	6
天　津	3	6	8	15	19
河　北	40	77	126	176	211
山　西	27	56	94	128	159
内蒙古	83	113	130	163	188
辽　宁	4	12	32	42	51
吉　林	3	13	24	40	45
黑龙江	1	6	20	32	43
上　海	1	3	6	8	10
江　苏	47	81	120	154	167
浙　江	22	56	100	119	131
安　徽	21	62	104	125	130
福　建	1	6	14	16	19
江　西	11	30	52	56	62
山　东	31	73	137	167	206
河　南	12	44	84	102	112
湖　北	11	28	49	57	65
湖　南	2	6	20	26	30
广　东	8	20	38	53	74
广　西	1	4	9	14	17
海　南	3	3	6	14	15
重　庆	0.02	0.2	2	3	4
四　川	11	16	22	28	27
贵　州	1	6	16	20	45
云　南	23	28	34	48	50
西　藏	4	6	8.4	13	14
陕　西	20	52	71	94	119
甘　肃	60	73	95	118	133
青　海	90	113	131	158	167
宁　夏	55	76	97	115	136
新　疆	67	107	116	132	157

2-20 分地区发电量增速(太阳能发电)

单位：%

地 区	2016年	2017年	2018年	2019年	2020年
全 国	**68.5**	**75.3**	**50.2**	**26.6**	**16.6**
北 京	172.5	87.2	49.5	56.4	29.8
天 津	390.5	101.9	29.5	90.9	22.1
河 北	145.8	93.4	63.4	39.4	19.4
山 西	254.1	104.4	69.4	35.6	24.4
内蒙古	46.1	35.3	14.9	25.7	15.6
辽 宁	174.1	213.2	175.3	32.3	20.8
吉 林	235.6	287.6	84.3	64.1	13.7
黑龙江	523.8	337.4	253.8	60.1	31.5
上 海	17.4	155.4	134.9	28.2	26.5
江 苏	51.0	71.5	48.5	28.6	8.3
浙 江	189.8	154.1	78.1	18.6	10.2
安 徽	452.7	199.6	67.4	20.3	4.4
福 建	49.5	290.3	140.3	17.2	20.5
江 西	373.2	166.6	73.8	8.5	10.4
山 东	354.0	135.4	88.0	22.0	23.7
河 南	269.8	285.7	88.9	21.5	10.3
湖 北	407.1	147.2	73.3	16.1	13.8
湖 南	106.0	228.1	265.2	26.2	15.9
广 东	136.3	144.0	86.2	42.1	37.9
广 西	132.6	280.4	128.5	46.0	28.6
海 南	34.5	30.7	88.0	118.4	3.9
重 庆		1100.0	741.7	67.9	23.9
四 川	382.4	53.7	36.9	25.5	-4.0
贵 州	404.8	440.6	175.0	24.4	131.3
云 南	263.1	21.3	22.6	40.4	3.8
西 藏	62.3	54.5	36.6	52.7	11.4
陕 西	264.3	102.1	35.5	33.1	25.9
甘 肃	1.8	22.1	29.3	24.7	12.6
青 海	19.1	25.9	15.7	20.7	5.5
宁 夏	52.9	37.8	28.8	17.8	18.3
新 疆	17.3	58.7	8.9	13.5	19.1

2-21　分地区6000千瓦及以上电厂发电装机容量(合计)

单位：万千瓦

地　区	2016年	2017年	2018年	2019年	2020年
全　国	**160522**	**171249**	**181753**	**191499**	**209137**
北　京	1092	1198	1242	1259	1261
天　津	1458	1483	1686	1816	1884
河　北	6211	6576	7027	7784	9272
山　西	7599	7992	8555	8997	10081
内蒙古	11030	11810	12264	12837	14569
辽　宁	4572	4824	5116	5280	5666
吉　林	2684	2804	2986	3044	3189
黑龙江	2767	2936	3046	3157	3441
上　海	2341	2348	2447	2568	2558
江　苏	9987	11112	12079	12595	13336
浙　江	7927	8175	8564	8635	8846
安　徽	5598	6099	6623	6899	7221
福　建	4807	5164	5281	5404	5840
江　西	2610	2796	3112	3317	3912
山　东	10817	12117	12422	13144	14158
河　南	7165	7687	8271	8833	9577
湖　北	6604	6890	7106	7541	7941
湖　南	3774	3879	4040	4160	4413
广　东	9933	10356	11266	12134	13415
广　西	3931	4114	4279	4407	4957
海　南	711	745	878	877	958
重　庆	2066	2209	2255	2315	2349
四　川	8661	9264	9365	9442	9630
贵　州	5272	5539	5754	6314	7137
云　南	8236	8545	9113	9341	9987
西　藏	229	276	300	322	389
陕　西	3686	4100	5317	6002	7094
甘　肃	4703	4861	4926	5046	5385
青　海	2297	2493	2760	3147	3992
宁　夏	3670	4178	4696	5271	5917
新　疆	8083	8679	8978	9614	10763

2-22 分地区6000千瓦及以上电厂发电装机容量增速(合计)

单位：%

地 区	2016年	2017年	2018年	2019年	2020年
全 国	**8.1**	**6.7**	**6.1**	**5.4**	**9.2**
北 京	1.2	9.7	3.7	1.3	0.2
天 津	10.7	1.7	13.7	7.7	3.8
河 北	8.1	5.9	6.9	10.8	19.1
山 西	9.6	5.2	7.0	5.2	12.1
内蒙古	6.2	7.1	3.8	4.7	13.5
辽 宁	6.4	5.5	6.1	3.2	7.3
吉 林	3.9	4.5	6.5	2.0	4.8
黑龙江	5.0	6.1	3.7	3.6	9.0
上 海	0.7	0.3	4.2	5.0	-0.4
江 苏	6.3	11.3	8.7	4.3	5.9
浙 江	3.5	3.1	4.8	0.8	2.4
安 徽	10.4	8.9	8.6	4.2	4.7
福 建	6.4	7.4	2.3	2.3	8.1
江 西	20.5	7.1	11.3	6.6	17.9
山 东	12.0	12.0	2.5	5.8	7.7
河 南	6.9	7.3	7.6	6.8	8.4
湖 北	5.1	4.3	3.1	6.1	5.3
湖 南	6.1	2.8	4.1	3.0	6.1
广 东	6.3	4.3	8.8	7.7	10.6
广 西	21.3	4.6	4.0	3.0	12.5
海 南	11.9	4.8	17.8	-0.1	9.3
重 庆	3.0	6.9	2.1	2.6	1.5
四 川	5.2	7.0	1.1	0.8	2.0
贵 州	9.0	5.1	3.9	9.7	13.0
云 南	6.8	3.8	6.6	2.5	6.9
西 藏	18.3	20.7	8.4	7.4	21.0
陕 西	10.3	11.2	29.7	12.9	18.2
甘 肃	4.0	3.3	1.3	2.4	6.7
青 海	12.1	8.5	10.7	14.0	26.8
宁 夏	16.4	13.8	12.4	12.2	12.3
新 疆	16.6	7.4	3.4	7.1	12.0

2-23 分地区6000千瓦及以上电厂发电装机容量(水电)

单位：万千瓦

地 区	2016年	2017年	2018年	2019年	2020年
全 国	**30010**	**31071**	**31861**	**32344**	**33572**
北 京	98	98	98	98	98
天 津					
河 北	165	165	165	165	165
山 西	235	235	214	214	214
内蒙古	238	238	238	238	238
辽 宁	277	279	283	285	288
吉 林	353	353	357	416	478
黑龙江	95	97	97	100	101
上 海					
江 苏	110	260	260	260	260
浙 江	939	941	943	947	950
安 徽	241	242	243	274	393
福 建	918	917	926	927	937
江 西	412	412	419	449	454
山 东	101	101	102	102	102
河 南	389	389	391	398	398
湖 北	3552	3558	3563	3567	3644
湖 南	1236	1247	1264	1276	1244
广 东	954	989	1079	1079	1167
广 西	1493	1497	1503	1532	1607
海 南	62	84	125	125	125
重 庆	581	626	635	652	654
四 川	6834	7291	7395	7391	7453
贵 州	1850	1880	1927	1938	1996
云 南	5895	6084	6448	6649	7271
西 藏	153	155	156	166	206
陕 西	232	269	325	294	296
甘 肃	743	751	790	792	796
青 海	1168	1168	1169	1192	1193
宁 夏	42	42	42	42	42
新 疆	644	702	702	773	800

2-24 分地区6000千瓦及以上电厂发电装机容量增速(水电)

单位：%

地 区	2016年	2017年	2018年	2019年	2020年
全 国	**4.1**	**3.5**	**2.5**	**1.5**	**3.8**
北 京					
天 津					
河 北					
山 西			-9.1		
内蒙古	0.1	0.3			
辽 宁		0.7	1.5	0.9	0.9
吉 林			1.3	16.5	14.7
黑龙江		2.2	0.7	3.0	1.0
上 海					
江 苏		136.4			
浙 江	19.1	0.2	0.2	0.5	0.3
安 徽	1.0	0.5	0.5	13.0	43.3
福 建	0.1		1.0	0.1	1.1
江 西	42.2		1.8	7.1	1.1
山 东					
河 南			0.6	1.8	
湖 北	0.2	0.2	0.1	0.1	2.2
湖 南	1.1	0.9	1.3	1.0	-2.6
广 东	6.2	3.7	9.1		8.2
广 西	1.1	0.2	0.4	1.9	4.9
海 南	-0.6	36.8	48.2		
重 庆	1.0	7.7	1.4	2.7	0.4
四 川	4.5	6.7	1.4	-0.1	0.8
贵 州	1.2	1.6	2.5	0.6	3.0
云 南	5.4	3.2	6.0	3.1	9.4
西 藏	15.0	1.2	1.0	6.1	24.1
陕 西	1.8	16.1	20.7	-9.4	0.5
甘 肃	1.3	1.0	5.3	0.3	0.5
青 海	4.0		0.1	2.0	
宁 夏					
新 疆	19.7	9.0		10.2	3.5

2-25　分地区6000千瓦及以上电厂发电装机容量(火电)

单位：万千瓦

地　区	2016年	2017年	2018年	2019年	2020年
全　国	**105580**	**109992**	**114100**	**118642**	**124247**
北　京	970	1076	1118	1134	1136
天　津	1377	1400	1527	1637	1666
河　北	4503	4566	4609	5012	5382
山　西	6309	6352	6612	6669	6860
内蒙古	7601	8162	8225	8718	9370
辽　宁	3109	3188	3378	3440	3638
吉　林	1775	1817	1889	1843	1850
黑龙江	2099	2197	2207	2248	2416
上　海	2263	2270	2363	2472	2447
江　苏	8711	9414	9732	10034	10062
浙　江	6044	6117	6190	6192	6339
安　徽	4894	5031	5391	5492	5529
福　建	2893	3064	3116	3158	3470
江　西	1913	1928	2158	2199	2448
山　东	9521	10314	10341	10687	11107
河　南	6422	6533	6810	7038	7057
湖　北	2685	2777	2874	3144	3304
湖　南	2311	2255	2268	2265	2253
广　东	7709	7755	8128	8617	9576
广　西	2140	2181	2252	2261	2309
海　南	463	464	464	464	545
重　庆	1457	1540	1532	1542	1539
四　川	1608	1630	1541	1548	1572
贵　州	3014	3160	3263	3410	3504
云　南	1396	1398	1481	1480	1485
西　藏	40	39	41	41	42
陕　西	3036	3137	3928	4370	4980
甘　肃	2002	2059	2064	2104	2308
青　海	381	378	379	392	392
宁　夏	2164	2582	2844	3218	3325
新　疆	4771	5207	5377	5813	6337

2-26 分地区6000千瓦及以上电厂发电装机容量增速(火电)

单位：%

地 区	2016年	2017年	2018年	2019年	2020年
全 国	**5.5**	**4.2**	**3.7**	**4.0**	**4.7**
北 京	0.6	11.0	3.9	1.5	0.1
天 津	7.4	1.7	9.0	7.2	1.8
河 北	3.7	1.4	0.9	8.8	7.4
山 西	6.6	0.7	4.1	0.9	2.9
内蒙古	4.8	7.4	0.8	6.0	7.5
辽 宁	1.3	2.5	6.0	1.8	5.8
吉 林	-0.3	2.4	4.0	-2.5	0.4
黑龙江	3.1	4.6	0.5	1.9	7.5
上 海	0.2	0.3	4.1	4.6	-1.0
江 苏	4.2	8.1	3.4	3.1	0.3
浙 江	0.6	1.2	1.2		2.4
安 徽	6.6	2.8	7.1	1.9	0.7
福 建	0.6	5.9	1.7	1.4	9.9
江 西	7.3	0.8	11.9	1.9	11.3
山 东	9.0	8.3	0.3	3.3	3.9
河 南	3.5	1.7	4.2	3.4	0.3
湖 北	4.6	3.4	3.5	9.4	5.1
湖 南	6.1	-2.4	0.6	-0.1	-0.5
广 东	5.4	0.6	4.8	6.0	11.1
广 西	33.1	1.9	3.3	0.4	2.1
海 南	0.5	0.2			17.5
重 庆	3.6	5.7	-0.5	0.6	-0.2
四 川	1.1	1.4	-5.5	0.4	1.6
贵 州	12.3	4.9	3.2	4.5	2.8
云 南	0.6	0.1	6.0	-0.1	0.4
西 藏		-2.7	3.8	1.5	1.5
陕 西	3.6	3.3	25.2	11.3	14.0
甘 肃	3.8	2.9	0.2	2.0	9.7
青 海	20.0	-0.8	0.2	3.6	
宁 夏	9.1	19.3	10.1	13.2	3.3
新 疆	14.3	9.2	3.3	8.1	9.0

2-27 分地区6000千瓦及以上电厂发电装机容量(风电)

单位：万千瓦

地 区	2016年	2017年	2018年	2019年	2020年
全 国	**14744**	**16322**	**18423**	**20905**	**28154**
北 京	19	19	19	18	18
天 津	28	28	52	59	84
河 北	1138	1181	1391	1639	2274
山 西	771	872	1043	1251	1974
内蒙古	2556	2669	2868	2918	3785
辽 宁	694	710	760	831	979
吉 林	505	505	514	557	577
黑龙江	561	570	598	611	686
上 海	71	71	71	81	82
江 苏	561	655	864	1039	1545
浙 江	118	132	148	159	185
安 徽	177	217	246	274	412
福 建	214	252	300	376	486
江 西	108	169	225	286	510
山 东	839	1061	1146	1354	1795
河 南	104	233	468	794	1518
湖 北	201	253	331	405	502
湖 南	217	263	348	424	669
广 东	268	335	357	441	563
广 西	70	150	208	287	653
海 南	31	34	34	29	29
重 庆	28	33	50	63	96
四 川	125	210	253	325	426
贵 州	362	363	386	457	580
云 南	737	825	857	862	881
西 藏	1	1	1	1	1
陕 西	179	288	405	531	892
甘 肃	1277	1282	1282	1297	1373
青 海	69	162	267	462	843
宁 夏	942	942	1011	1116	1377
新 疆	1776	1836	1921	1956	2361

2-28 分地区6000千瓦及以上电厂发电装机容量增速(风电)

单位：%

地 区	2016年	2017年	2018年	2019年	2020年
全 国	**12.8**	**10.7**	**12.9**	**13.5**	**34.7**
北 京	24.0			-0.8	
天 津			83.3	15.4	41.4
河 北	11.3	3.8	17.8	17.8	38.8
山 西	15.2	13.1	19.7	20.0	57.7
内蒙古	5.4	4.5	7.4	1.8	29.7
辽 宁	8.7	2.3	7.1	9.3	17.8
吉 林	13.6		1.8	8.5	3.5
黑龙江	11.5	1.7	4.9	2.1	12.3
上 海	16.5			14.0	1.5
江 苏	36.1	16.8	31.8	20.3	48.7
浙 江	13.7	11.8	11.7	7.8	16.0
安 徽	30.4	23.1	13.3	11.3	50.1
福 建	24.4	17.6	19.2	25.4	29.1
江 西	59.7	56.8	33.5	26.8	78.6
山 东	16.3	26.5	8.0	18.2	32.6
河 南	14.2	124.0	100.7	69.8	91.2
湖 北	49.5	25.8	31.0	22.4	23.8
湖 南	43.2	21.6	32.1	21.9	57.8
广 东	8.8	24.8	6.8	23.5	27.6
广 西	72.5	115.3	38.6	38.2	127.6
海 南	1.2	7.2		-14.2	
重 庆	21.9	17.8	51.9	27.3	51.5
四 川	70.0	68.8	20.1	28.4	31.2
贵 州	12.1	0.5	6.3	18.2	27.2
云 南	20.0	11.9	3.9	0.6	2.1
西 藏					
陕 西	57.1	61.5	40.5	31.2	67.8
甘 肃	2.0	0.4		1.2	5.9
青 海	46.8	136.3	64.8	72.9	82.6
宁 夏	14.5		7.4	10.4	23.3
新 疆	5.0	3.4	4.6	1.8	20.7

2-29 分地区6000千瓦及以上电厂发电装机容量(太阳能发电)

单位：万千瓦

地　区	2016年	2017年	2018年	2019年	2020年
全　国	**6819**	**10277**	**12885**	**14709**	**18134**
北　京	5	5	8	8	8
天　津	54	55	108	119	134
河　北	404	662	859	965	1447
山　西	284	534	686	862	1033
内蒙古	636	740	933	962	1176
辽　宁	45	200	248	276	313
吉　林	52	130	226	228	285
黑龙江	12	73	144	198	238
上　海	7	7	13	15	28
江　苏	394	571	776	815	898
浙　江	169	328	376	428	462
安　徽	287	608	743	859	887
福　建	20	60	67	72	72
江　西	178	287	309	383	500
山　东	356	640	708	751	905
河　南	250	532	602	602	604
湖　北	166	301	338	425	491
湖　南	10	113	160	188	242
广　东	63	229	370	382	495
广　西	12	69	99	110	170
海　南	24	33	125	129	129
重　庆		10	38	58	60
四　川	94	132	175	179	179
贵　州	46	135	178	510	1057
云　南	208	238	326	350	350
西　藏	33	79	98	110	137
陕　西	239	406	659	806	926
甘　肃	681	769	790	852	908
青　海	680	785	946	1102	1565
宁　夏	522	612	799	895	1173
新　疆	892	934	978	1072	1266

2-30 分地区6000千瓦及以上电厂发电装机容量增速(太阳能发电)

单位：%

地 区	2016年	2017年	2018年	2019年	2020年
全 国	**77.5**	**50.7**	**25.4**	**14.2**	**23.3**
北 京	155.0		47.1		12.0
天 津	602.7	1.9	97.0	10.0	12.9
河 北	90.4	64.0	29.8	12.3	49.9
山 西	154.6	88.1	28.6	25.6	19.8
内蒙古	35.5	16.4	26.1	3.1	22.2
辽 宁	253.7	348.6	24.1	11.5	13.3
吉 林	771.2	148.5	74.2	0.8	25.0
黑龙江	1111.1	507.1	97.8	37.5	20.2
上 海			87.4	16.3	88.3
江 苏	33.0	45.1	35.9	5.0	10.1
浙 江	69.3	94.6	14.6	13.9	7.9
安 徽	174.8	112.1	22.1	15.6	3.2
福 建	94.2	201.2	13.3	6.1	0.6
江 西	605.5	61.3	7.7	23.9	30.5
山 东	248.7	79.9	10.6	6.1	20.4
河 南	1488.9	112.7	13.1		0.3
湖 北	354.9	81.4	12.2	25.8	15.6
湖 南	151.1	1063.9	40.7	18.1	28.2
广 东	17.6	264.4	61.6	3.2	29.5
广 西	37.9	488.7	44.3	11.4	54.0
海 南	51.5	35.7	282.0	3.2	
重 庆			267.4	50.7	2.9
四 川	181.4	40.1	32.5	2.3	
贵 州	1433.3	193.5	31.5	187.0	107.3
云 南	77.0	14.7	36.9	7.3	
西 藏	91.1	143.0	23.4	12.3	24.7
陕 西	248.2	69.9	62.4	22.3	14.9
甘 肃	12.1	12.9	2.8	7.9	6.5
青 海	21.0	15.5	20.4	16.5	42.1
宁 夏	70.5	17.2	30.6	11.9	31.1
新 疆	68.9	4.7	4.7	9.5	18.2

2-31 分地区6000千瓦及以上电厂发电量(合计)

单位：亿千瓦时

地 区	2016年	2017年	2018年	2019年	2020年
全 国	**58777**	**62865**	**68544**	**71558**	**74521**
北 京	435	392	446	457	450
天 津	599	595	668	670	696
河 北	2470	2641	2749	2830	2871
山 西	2503	2756	3069	3224	3359
内蒙古	3948	4422	5003	5446	5693
辽 宁	1728	1786	1916	1980	2025
吉 林	735	775	860	914	974
黑龙江	916	951	1022	1075	1098
上 海	832	863	851	830	855
江 苏	4739	4857	4980	4998	5001
浙 江	3109	3268	3393	3399	3384
安 徽	2225	2433	2674	2819	2715
福 建	1808	2062	2355	2427	2535
江 西	1005	1116	1239	1313	1399
山 东	4849	4836	5156	5202	5665
河 南	2586	2691	2938	2771	2735
湖 北	2464	2607	2813	2934	2985
湖 南	1216	1238	1339	1427	1430
广 东	3796	4203	4428	4639	4904
广 西	1231	1300	1588	1801	1903
海 南	280	297	321	340	342
重 庆	650	692	766	779	798
四 川	3181	3381	3597	3745	4012
贵 州	1839	1896	1977	2146	2202
云 南	2567	2845	3172	3368	3570
西 藏	50	58	67	83	86
陕 西	1449	1588	1988	2188	2384
甘 肃	1157	1278	1527	1568	1690
青 海	540	606	796	880	943
宁 夏	1187	1404	1613	1701	1764
新 疆	2685	3030	3235	3606	4052

2-32 分地区6000千瓦及以上电厂发电量增速(合计)

单位：%

地 区	2016年	2017年	2018年	2019年	2020年
全 国	**4.8**	**7.0**	**9.0**	**4.4**	**4.1**
北 京	3.4	-9.8	13.8	2.4	-1.5
天 津	-0.2	-0.8	12.3	0.3	3.8
河 北	7.5	6.9	4.1	3.0	1.5
山 西	2.1	10.1	11.3	5.0	4.2
内蒙古	0.7	12.0	13.1	8.9	4.5
辽 宁	6.9	3.3	7.3	3.3	2.3
吉 林	5.1	5.4	11.0	6.3	6.5
黑龙江	2.7	3.8	7.5	5.2	2.1
上 海	1.3	3.8	-1.5	-2.4	3.1
江 苏	7.4	2.5	2.5	0.4	0.1
浙 江	7.0	5.1	3.8	0.2	-0.4
安 徽	9.3	9.3	9.9	5.4	-3.7
福 建	3.7	14.0	14.2	3.1	4.5
江 西	11.6	11.0	11.0	6.0	6.6
山 东	5.2	-0.3	6.6	0.9	8.9
河 南	1.4	4.0	9.2	-5.7	-1.3
湖 北	5.8	5.8	7.9	4.3	1.7
湖 南	6.8	1.8	8.2	6.6	0.2
广 东	4.2	10.7	5.3	4.8	5.7
广 西	6.1	5.6	22.2	13.4	5.7
海 南	9.5	5.9	8.0	6.1	0.5
重 庆	-0.4	6.5	10.7	1.7	2.4
四 川	4.4	6.3	6.4	4.1	7.1
贵 州	2.0	3.1	4.3	8.6	2.6
云 南	3.1	10.8	11.5	6.2	6.0
西 藏	35.8	14.5	15.6	24.6	4.1
陕 西	11.1	9.6	25.1	10.1	9.0
甘 肃	-1.3	10.5	19.5	2.6	7.8
青 海	-4.5	12.2	31.4	10.5	7.2
宁 夏	1.8	18.3	14.9	5.4	3.7
新 疆	9.2	12.9	6.7	11.5	12.4

2-33 分地区6000千瓦及以上电厂发电量(水电)

单位：亿千瓦时

地 区	2016年	2017年	2018年	2019年	2020年
全 国	**10485**	**10877**	**11357**	**11902**	**12555**
北 京	12	11	10	10	11
天 津					
河 北	21	17	12	14	13
山 西	37	40	41	48	46
内蒙古	27	23	45	58	57
辽 宁	53	43	43	41	53
吉 林	78	71	72	61	84
黑龙江	20	23	24	25	29
上 海					
江 苏	17	28	33	30	32
浙 江	209	168	145	192	165
安 徽	49	43	41	39	51
福 建	438	298	229	310	205
江 西	124	97	76	103	95
山 东	14	6	4	5	8
河 南	87	95	138	142	137
湖 北	1374	1464	1450	1339	1618
湖 南	446	401	351	435	466
广 东	190	168	164	208	173
广 西	566	570	583	570	585
海 南	16	18	21	14	12
重 庆	216	220	211	212	244
四 川	2809	2985	3096	3166	3394
贵 州	612	617	630	659	725
云 南	2197	2432	2632	2768	2870
西 藏	45	50	56	68	69
陕 西	55	81	91	108	105
甘 肃	261	312	375	410	418
青 海	295	323	509	554	599
宁 夏	14	16	20	22	22
新 疆	204	256	254	290	268

2-34 分地区6000千瓦及以上电厂发电量增速(水电)

单位：%

地 区	2016年	2017年	2018年	2019年	2020年
全 国	**5.2**	**3.7**	**4.4**	**4.8**	**5.5**
北 京	85.8	-8.0	-11.9	3.2	12.0
天 津					
河 北	120.7	-19.6	-24.6	10.0	-5.8
山 西	24.3	9.3	1.7	16.6	-4.9
内蒙古	-24.0	-15.5	93.0	29.4	-0.9
辽 宁	76.7	-19.4	1.1	-4.7	28.5
吉 林	58.2	-8.7	0.8	-15.2	37.6
黑龙江	18.9	12.8	3.3	5.4	16.1
上 海					
江 苏	50.7	68.6	15.5	-7.5	4.7
浙 江	24.4	-19.5	-13.6	32.3	-14.0
安 徽	42.7	-12.1	-5.7	-3.4	30.7
福 建	42.8	-32.0	-23.1	35.2	-33.9
江 西	33.0	-21.7	-21.7	36.4	-8.5
山 东	93.1	-54.3	-36.0	20.1	67.7
河 南	-16.1	9.8	45.3	2.8	-3.9
湖 北	7.3	6.6	-0.9	-7.6	20.8
湖 南	9.5	-10.0	-12.6	24.1	7.1
广 东	34.7	-11.6	-2.4	27.1	-17.2
广 西	-12.0	0.8	2.2	-2.2	2.6
海 南	72.7	13.0	19.1	-36.4	-10.7
重 庆	7.9	1.5	-3.8	0.5	15.0
四 川	7.3	6.3	3.7	2.3	7.2
贵 州	-12.4	0.9	2.0	4.6	10.0
云 南	3.8	10.7	8.2	5.1	3.7
西 藏	35.8	11.1	12.8	20.2	2.6
陕 西	-16.5	45.9	11.9	18.9	-2.4
甘 肃	-6.6	19.2	20.2	9.6	1.8
青 海	-18.9	9.7	57.5	8.8	8.1
宁 夏	-9.1	10.7	26.8	9.6	2.9
新 疆	5.0	25.9	-0.8	13.8	-7.4

2-35 分地区6000千瓦及以上电厂发电量(火电)

单位：亿千瓦时

地 区	2016年	2017年	2018年	2019年	2020年
全 国	**43128**	**45442**	**49167**	**50376**	**51656**
北 京	419	377	432	443	434
天 津	591	583	653	646	668
河 北	2194	2294	2359	2375	2350
山 西	2304	2500	2735	2848	2920
内蒙古	3374	3736	4197	4563	4730
辽 宁	1343	1347	1379	1394	1409
吉 林	587	605	663	704	721
黑龙江	807	815	858	887	894
上 海	818	846	832	812	835
江 苏	4433	4476	4457	4359	4285
浙 江	2360	2537	2592	2500	2426
安 徽	2124	2301	2510	2646	2519
福 建	911	1135	1401	1401	1548
江 西	854	965	1090	1125	1196
山 东	4662	4608	4817	4672	5108
河 南	2471	2526	2686	2477	2396
湖 北	1045	1072	1263	1481	1238
湖 南	730	783	915	901	844
广 东	2847	3161	3280	3216	3422
广 西	549	574	794	986	1028
海 南	196	195	211	212	215
重 庆	428	465	545	552	536
四 川	340	344	424	480	506
贵 州	1171	1210	1263	1390	1335
云 南	198	196	285	312	404
西 藏	0.3	0.4	1	1	1
陕 西	1345	1425	1759	1913	2080
甘 肃	699	707	830	817	901
青 海	146	152	119	104	101
宁 夏	989	1158	1310	1381	1415
新 疆	2194	2349	2506	2777	3193

2-36 分地区6000千瓦及以上电厂发电量增速(火电)

单位：%

地 区	2016年	2017年	2018年	2019年	2020年
全 国	**2.25**	**5.4**	**8.2**	**2.5**	**2.5**
北 京	1.9	-10.1	14.7	2.4	-2.0
天 津	-0.5	-1.3	12.0	-1.1	3.3
河 北	4.3	4.6	2.8	0.7	-1.1
山 西	-0.4	8.5	9.4	4.1	2.5
内蒙古	-1.3	10.7	12.4	8.7	3.7
辽 宁	1.1	0.3	2.4	1.0	1.1
吉 林	-0.3	3.1	9.6	6.2	2.4
黑龙江	0.5	1.0	5.3	3.4	0.8
上 海	0.9	3.5	-1.7	-2.4	2.8
江 苏	6.9	1.0	-0.4	-2.2	-1.7
浙 江	6.4	7.5	2.2	-3.6	-3.0
安 徽	7.4	8.4	9.1	5.4	-4.8
福 建	-17.3	24.6	23.4		10.5
江 西	7.4	13.0	12.9	3.2	6.3
山 东	4.1	-1.2	4.5	-3.0	9.3
河 南	1.6	2.2	6.4	-7.8	-3.3
湖 北	1.8	2.5	17.8	17.3	-16.4
湖 南	3.0	7.3	16.9	-1.6	-6.3
广 东	-0.1	11.0	3.7	-1.9	6.4
广 西	8.7	4.6	38.3	24.2	4.3
海 南	-16.2	-0.6	8.2	0.3	1.4
重 庆	-4.5	8.5	17.2	1.4	-3.0
四 川	-18.9	1.2	23.2	13.3	5.3
贵 州	9.4	3.3	4.4	10.0	-3.9
云 南	-27.8	-0.6	45.2	9.4	29.5
西 藏	11.0	32.2	138.7	16.7	0.7
陕 西	10.7	6.0	23.4	8.8	8.7
甘 肃	-1.0	1.1	17.4	-1.6	10.3
青 海	21.6	4.7	-21.5	-12.9	-3.0
宁 夏	-3.6	17.1	13.1	5.4	2.5
新 疆	6.7	7.1	6.7	10.8	15.0

2-37　分地区6000千瓦及以上电厂发电量(风电)

单位：亿千瓦时

地　区	2016年	2017年	2018年	2019年	2020年
全　国	**2408**	**3034**	**3657**	**4052**	**4663**
北　京	3	3	3	3	4
天　津	6	6	8	11	12
河　北	216	263	283	318	368
山　西	135	165	212	224	266
内蒙古	464	551	632	666	726
辽　宁	129	150	165	183	194
吉　林	67	87	105	115	130
黑龙江	88	108	125	140	141
上　海	14	17	18	17	19
江　苏	98	120	172	184	229
浙　江	23	25	31	33	36
安　徽	34	41	50	47	57
福　建	50	65	72	87	122
江　西	19	31	41	51	71
山　东	147	166	214	225	259
河　南	18	30	57	88	139
湖　北	35	48	64	74	82
湖　南	39	50	60	75	99
广　东	50	62	63	74	102
广　西	13	25	42	61	106
海　南	6	6	5	5	6
重　庆	5	7	8	11	14
四　川	21	35	55	71	86
贵　州	55	63	68	78	97
云　南	149	188	220	242	250
西　藏	0.1	0.1	0.1	0.2	0.1
陕　西	28	42	72	83	95
甘　肃	136	188	230	228	246
青　海	10	18	38	66	81
宁　夏	129	155	187	186	194
新　疆	220	318	358	407	434

2-38 分地区6000千瓦及以上电厂发电量增速(风电)

单位：%

地 区	2016年	2017年	2018年	2019年	2020年
全 国	**29.8**	**26.0**	**20.5**	**10.8**	**15.1**
北 京	27.4	5.9	0.7	-2.9	10.0
天 津	-6.8	1.0	36.2	34.7	7.5
河 北	28.8	21.6	7.4	12.4	15.7
山 西	35.2	21.9	28.6	5.7	18.4
内蒙古	13.8	18.7	14.7	5.3	9.1
辽 宁	15.5	15.8	10.3	10.9	5.8
吉 林	11.0	29.8	20.7	9.4	13.0
黑龙江	21.7	23.3	15.4	12.3	1.0
上 海	35.3	23.1	6.5	-4.6	11.9
江 苏	51.8	23.1	43.1	6.5	24.5
浙 江	42.6	8.1	20.6	6.7	11.8
安 徽	66.2	19.7	22.4	-6.2	20.9
福 建	14.5	28.4	12.1	20.7	40.1
江 西	65.7	67.4	31.1	24.6	37.8
山 东	20.8	13.3	28.5	5.4	15.2
河 南	51.4	63.5	88.8	54.7	57.4
湖 北	69.5	37.5	33.3	14.6	10.8
湖 南	76.5	26.8	20.9	24.4	32.0
广 东	19.2	24.2	2.5	17.3	38.1
广 西	109.7	93.7	68.8	46.1	73.2
海 南	-6.9	5.0	-11.6	-7.4	20.7
重 庆	57.4	51.6	9.3	37.8	26.6
四 川	120.8	67.2	54.2	30.4	21.0
贵 州	68.5	14.3	8.4	14.1	24.1
云 南	59.3	26.4	16.8	9.8	3.4
西 藏	8.4	-12.4	11.5	16.5	-13.0
陕 西	59.0	48.6	69.4	16.6	13.5
甘 肃	7.7	37.5	22.6	-0.8	8.0
青 海	45.3	76.8	112.9	76.9	22.6
宁 夏	45.7	20.2	20.6	-0.7	4.7
新 疆	45.8	44.7	12.3	13.8	6.6

2-39 分地区6000千瓦及以上电厂发电量(太阳能发电)

单位：亿千瓦时

地 区	2016年	2017年	2018年	2019年	2020年
全 国	**623**	**1029**	**1412**	**1738**	**1982**
北 京	0.5	1	1	1	1
天 津	3	6	7	13	16
河 北	38	67	95	124	141
山 西	26	51	80	103	129
内蒙古	83	112	129	160	180
辽 宁	3	10	27	35	43
吉 林	3	12	20	34	39
黑龙江	1	5	16	23	33
上 海	1	1	1	1	2
江 苏	38	60	75	95	100
浙 江	13	27	38	45	44
安 徽	18	48	73	86	89
福 建	1	4	7	7	8
江 西	9	23	32	33	38
山 东	27	56	82	93	99
河 南	10	40	57	64	63
湖 北	10	23	36	40	46
湖 南	1	3	12	16	20
广 东	4	12	25	34	47
广 西	1	4	8	12	15
海 南	3	3	6	13	14
重 庆		0.2	2	3	4
四 川	11	16	22	28	26
贵 州	1	6	16	20	45
云 南	23	28	34	47	47
西 藏	4	6	8	13	14
陕 西	20	40	65	83	104
甘 肃	60	73	93	112	125
青 海	90	113	130	155	162
宁 夏	55	75	96	112	133
新 疆	67	107	116	132	157

2-40 分地区6000千瓦及以上电厂发电量增速(太阳能发电)

单位：%

地 区	2016年	2017年	2018年	2019年	2020年
全 国	**65.6**	**65.2**	**37.2**	**23.1**	**14.0**
北 京	322.3	63.9	5.3	19.1	5.1
天 津	474.4	106.7	21.2	98.7	22.9
河 北	144.3	74.4	42.1	30.8	13.9
山 西	244.6	93.1	57.6	28.0	24.8
内蒙古	46.6	35.5	14.6	23.9	12.9
辽 宁	185.8	218.1	164.9	29.1	20.9
吉 林	222.2	268.5	73.9	68.3	15.4
黑龙江	563.3	354.7	226.6	48.3	41.2
上 海	21.1	19.8	71.4	23.9	22.6
江 苏	60.4	59.1	25.1	26.0	5.2
浙 江	144.6	105.6	42.3	19.1	-3.1
安 徽	444.7	160.3	53.8	17.5	2.6
福 建	35.4	267.9	78.5	6.0	3.3
江 西	493.5	158.8	42.1	3.1	13.8
山 东	371.4	109.1	47.6	12.9	6.2
河 南	492.1	302.8	42.3	12.4	-0.5
湖 北	491.7	132.0	55.9	10.2	16.3
湖 南	144.6	472.2	277.8	25.9	27.3
广 东	48.9	175.6	99.3	40.3	35.3
广 西	126.1	321.1	135.9	41.6	30.5
海 南	29.9	26.7	79.7	131.2	3.1
重 庆			980.4	70.3	24.3
四 川	398.2	53.8	36.1	24.8	-4.8
贵 州	398.2	442.9	175.2	24.4	131.3
云 南	263.1	21.2	22.6	35.8	0.04
西 藏	62.3	54.5	36.5	52.6	11.4
陕 西	266.3	97.3	64.5	27.3	25.7
甘 肃	1.8	21.3	28.0	20.8	10.8
青 海	19.2	25.9	15.1	19.7	4.1
宁 夏	52.9	37.2	28.3	16.9	17.9
新 疆	17.3	58.8	8.9	13.5	19.1

2-41 分地区单机6000千瓦及以上

地区	2016年		2017年	
	台	容量	台	容量
全国	**4284**	**27483**	**4816**	**29252**
北京	14	98	14	92
天津				
河北	20	156	15	152
山西	22	234	22	234
内蒙古	16	234	14	235
辽宁	39	270	40	271
吉林	47	347	51	347
黑龙江	34	87	36	88
上海				
江苏	6	110	12	260
浙江	175	881	175	882
安徽	46	231	41	130
福建	282	825	282	826
江西	53	297	53	297
山东	5	101	4	100
河南	32	379	32	379
湖北	262	3443	266	3447
湖南	332	1150	340	1272
广东	22	197	205	536
广西	241	1341	244	1345
海南	16	52	17	71
重庆	132	534	153	582
四川	982	6728	1014	7176
贵州	161	1871	172	1947
云南	700	5168	898	5521
西藏	27	60	27	60
陕西	65	208	95	243
甘肃	253	706	269	933
青海	107	1138	109	1138
宁夏	13	42	13	42
新疆	180	597	203	647

水力发电机组分类情况(合计)

单位：台，万千瓦

2018年		2019年		2020年	
台	容量	台	容量	台	容量
4894	**29830**	**5099**	**30788**	**5158**	**32137**
14	92	14	98	14	98
20	156	20	156	19	155
19	212	20	213	20	213
16	236	12	212	15	234
43	273	44	275	47	278
48	343	50	402	53	462
36	89	36	89	36	89
12	260	12	260	12	260
175	882	182	887	186	894
45	230	51	267	58	389
278	831	280	833	278	839
56	302	148	449	139	414
4	100	4	100	5	101
34	380	37	387	37	387
267	3448	268	3449	273	3534
334	1275	339	1298	336	1206
203	671	217	818	225	1061
231	1320	251	1334	252	1419
20	114	20	114	20	114
170	657	173	613	172	624
1039	7267	1029	7262	1034	7321
173	1957	174	1962	188	1974
936	5830	981	6364	990	7047
28	63	41	85	41	85
95	240	98	249	90	241
271	752	272	787	271	755
109	1138	106	1132	99	1156
13	42	13	42	13	42
205	671	207	654	235	747

2-42　分地区单机6000千瓦及以上

<table>
<tr><th rowspan="2">地　区</th><th colspan="2">2016年</th><th colspan="2">2017年</th></tr>
<tr><th>台</th><th>容量</th><th>台</th><th>容量</th></tr>
<tr><td>全　国</td><td>132</td><td>8853</td><td>135</td><td>9048</td></tr>
<tr><td>北　京</td><td></td><td></td><td></td><td></td></tr>
<tr><td>天　津</td><td></td><td></td><td></td><td></td></tr>
<tr><td>河　北</td><td></td><td></td><td></td><td></td></tr>
<tr><td>山　西</td><td></td><td></td><td></td><td></td></tr>
<tr><td>内蒙古</td><td></td><td></td><td></td><td></td></tr>
<tr><td>辽　宁</td><td></td><td></td><td></td><td></td></tr>
<tr><td>吉　林</td><td></td><td></td><td></td><td></td></tr>
<tr><td>黑龙江</td><td></td><td></td><td></td><td></td></tr>
<tr><td>上　海</td><td></td><td></td><td></td><td></td></tr>
<tr><td>江　苏</td><td></td><td></td><td></td><td></td></tr>
<tr><td>浙　江</td><td></td><td></td><td></td><td></td></tr>
<tr><td>安　徽</td><td></td><td></td><td></td><td></td></tr>
<tr><td>福　建</td><td></td><td></td><td></td><td></td></tr>
<tr><td>江　西</td><td></td><td></td><td></td><td></td></tr>
<tr><td>山　东</td><td></td><td></td><td></td><td></td></tr>
<tr><td>河　南</td><td></td><td></td><td></td><td></td></tr>
<tr><td>湖　北</td><td>32</td><td>2240</td><td>32</td><td>2240</td></tr>
<tr><td>湖　南</td><td></td><td></td><td></td><td></td></tr>
<tr><td>广　东</td><td></td><td></td><td></td><td></td></tr>
<tr><td>广　西</td><td>7</td><td>490</td><td>7</td><td>490</td></tr>
<tr><td>海　南</td><td></td><td></td><td></td><td></td></tr>
<tr><td>重　庆</td><td></td><td></td><td></td><td></td></tr>
<tr><td>四　川</td><td>46</td><td>2995</td><td>49</td><td>3190</td></tr>
<tr><td>贵　州</td><td>5</td><td>300</td><td>5</td><td>300</td></tr>
<tr><td>云　南</td><td>37</td><td>2478</td><td>37</td><td>2478</td></tr>
<tr><td>西　藏</td><td></td><td></td><td></td><td></td></tr>
<tr><td>陕　西</td><td></td><td></td><td></td><td></td></tr>
<tr><td>甘　肃</td><td></td><td></td><td></td><td></td></tr>
<tr><td>青　海</td><td>5</td><td>350</td><td>5</td><td>350</td></tr>
<tr><td>宁　夏</td><td></td><td></td><td></td><td></td></tr>
<tr><td>新　疆</td><td></td><td></td><td></td><td></td></tr>
</table>

水力发电机组分类情况(60万千瓦及以上)

单位：台，万千瓦

2018年		2019年		2020年	
台	容量	台	容量	台	容量
135	**9048**	**139**	**9368**	**147**	**10048**
32	2240	32	2240	32	2240
7	490	7	490	7	490
49	3190	49	3190	49	3190
5	300	5	300	5	300
37	2478	41	2798	49	3478
5	350	5	350	5	350

2-43 分地区单机6000千瓦及以上

地区	2016年		2017年	
	台	容量	台	容量
全国	**132**	**4455**	**140**	**4766**
北京				
天津				
河北				
山西	4	120	4	120
内蒙古	4	120	4	120
辽宁	4	120	4	120
吉林	5	150	5	150
黑龙江				
上海				
江苏				
浙江	14	450	14	450
安徽				
福建	4	120	4	120
江西	4	120	4	120
山东				
河南	10	300	10	300
湖北	12	425	12	425
湖南	4	120	4	120
广东	3	96		
广西	6	181	6	181
海南				
重庆	5	175	5	175
四川	8	390	12	560
贵州	5	162	5	162
云南	22	801	25	906
西藏				
陕西				
甘肃	1	32	5	164
青海	16	540	16	540
宁夏				
新疆	1	33	1	33

水力发电机组分类情况(30至不足60万千瓦)

单位：台，万千瓦

2018年		2019年		2020年	
台	容量	台	容量	台	容量
146	**5017**	**150**	**5140**	**163**	**5533**
4	120	4	120	4	120
4	120	4	120	4	120
4	120	4	120	4	120
5	150	5	150	5	150
14	450	14	450	14	450
		1	30	5	150
4	120	4	120	4	120
4	120	4	120	4	120
10	300	10	300	10	300
12	425	12	425	12	425
4	120	4	120	4	120
5	158	8	248	16	488
6	181	5	151	6	181
5	175	5	175	5	175
12	560	12	560	12	560
5	162	5	162	5	162
30	1131	30	1131	30	1131
1	32	2	65	1	32
16	540	16	540	17	576
1	33	1	33	1	33

2-44　分地区单机6000千瓦及以上

地　区	2016年		2017年	
	台	容量	台	容量
全　国	**118**	**2748**	**141**	**3296**
北　京	4	80	4	80
天　津				
河　北	4	100	4	100
山　西				
内蒙古	1	22	2	47
辽　宁				
吉　林				
黑龙江				
上　海				
江　苏	4	100	10	250
浙　江	3	60	3	60
安　徽	4	100		
福　建	7	140	7	140
江　西				
山　东	4	100	4	100
河　南				
湖　北	2	50	2	50
湖　南	13	290	17	390
广　东			8	192
广　西				
海　南			1	20
重　庆				
四　川	9	218	10	240
贵　州	37	886	39	934
云　南	15	350	16	375
西　藏				
陕　西	4	80	4	80
甘　肃	5	127	9	215
青　海				
宁　夏				
新　疆	2	45	1	23

水力发电机组分类情况(20至不足30万千瓦)

单位：台，万千瓦

2018年		2019年		2020年	
台	容量	台	容量	台	容量
148	**3460**	**157**	**3663**	**158**	**3676**
4	80	4	80	4	80
4	100	4	100	4	100
2	47	1	25	1	25
		3	60	6	120
10	250	10	250	10	250
3	60	3	60	3	60
4	100	4	100	4	100
7	140	7	140	7	149
4	100	4	100	4	100
2	50	2	50	4	96
18	410	18	410	13	290
8	192	10	237	10	240
				3	60
3	60	3	60	3	60
10	240	11	261	10	240
39	934	39	934	37	886
20	467	24	566	24	566
4	80	4	80	4	80
5	127	5	127	5	127
1	23	1	23	2	48

2-45 分地区单机6000千瓦及以上

地区	2016年		2017年	
	台	容量	台	容量
全国	**261**	**3491**	**258**	**3448**
北京				
天津				
河北	1	15	1	15
山西	7	94	7	94
内蒙古	3	54	3	54
辽宁	2	20	2	20
吉林	8	106	8	106
黑龙江	4	55	4	55
上海				
江苏				
浙江	1	12	1	12
安徽	4	60	4	60
福建	10	135	10	135
江西	7	77	7	77
山东				
河南				
湖北	29	396	29	396
湖南	14	164	14	164
广东	1	10	2	20
广西	16	211	16	211
海南				
重庆	12	153	12	155
四川	73	1039	71	1021
贵州	20	291	21	294
云南	30	378	30	378
西藏				
陕西				
甘肃	6	61	6	61
青海	3	36	3	36
宁夏				
新疆	10	125	7	86

水力发电机组分类情况(10至不足20万千瓦)

单位：台，万千瓦

2018年		2019年		2020年	
台	容量	台	容量	台	容量
265	**3547**	**265**	**3555**	**275**	**3673**
1	15	1	15	1	15
5	74	5	74	5	74
3	54	3	54	5	74
2	20	2	20	2	20
8	106	8	106	8	106
4	55	4	55	4	55
1	12	1	12	1	12
4	60	4	60	4	60
11	145	11	145	11	145
7	77	7	77	7	77
29	396	29	396	30	406
14	164	14	164	17	206
2	20	2	20	2	20
16	211	16	211	16	211
16	209	13	167	13	167
77	1088	74	1053	76	1078
19	284	19	284	22	312
28	346	34	430	34	430
8	91	8	91	8	91
3	36	3	36	2	30
7	86	7	86	7	86

2-46 分地区单机6000千瓦及以上

地 区	2016年		2017年	
	台	容量	台	容量
全 国	**367**	**2395**	**385**	**2497**
北 京	1	7		
天 津				
河 北	3	27	3	27
山 西				
内蒙古	5	34	1	9
辽 宁	8	63	8	63
吉 林	9	56	9	56
黑龙江				
上 海				
江 苏	2	10	2	10
浙 江	29	192	29	192
安 徽	3	16	3	16
福 建	13	83	13	83
江 西				
山 东				
河 南	9	53	9	53
湖 北	11	83	11	83
湖 南	17	111	18	117
广 东	5	42	6	44
广 西	14	81	14	81
海 南	5	32	5	32
重 庆	8	51	9	57
四 川	113	720	122	778
贵 州	11	79	13	88
云 南	57	382	57	382
西 藏				
陕 西	4	23	4	23
甘 肃	13	80	13	80
青 海	4	31	4	31
宁 夏				
新 疆	23	141	32	192

水力发电机组分类情况(5至不足10万千瓦)

单位：台，万千瓦

2018年		2019年		2020年	
台	容量	台	容量	台	容量
387	**2528**	**398**	**2591**	**419**	**2708**
		1	7	1	7
3	27	3	27	3	27
1	9	1	9	1	9
8	63	8	63	8	63
9	56	9	56	9	56
2	10	2	10	2	10
29	192	29	192	29	192
3	16	3	16	4	21
13	83	13	83	13	83
		1	6		
9	53	9	53	9	53
11	83	11	83	11	83
17	112	18	118	18	107
5	39	5	39	5	39
13	76	16	99	16	99
5	32	5	32	5	32
11	70	10	63	13	81
119	768	126	809	134	855
14	98	15	103	16	108
57	382	59	392	59	392
5	28	5	28	5	28
13	80	13	82	13	83
4	31	4	31	6	43
36	222	32	192	39	239

2-47 分地区单机6000千瓦及以上

地区	2016年		2017年	
	台	容量	台	容量
全国	**3274**	**5541**	**3757**	**6198**
北京	9	11	10	12
天津				
河北	12	14	7	10
山西	11	20	11	20
内蒙古	3	4	4	5
辽宁	25	67	26	69
吉林	25	35	29	36
黑龙江	30	32	32	33
上海				
江苏				
浙江	128	168	128	168
安徽	35	55	34	54
福建	248	348	248	348
江西	42	100	42	100
山东	1	1		
河南	13	26	13	26
湖北	176	249	180	253
湖南	284	466	287	481
广东	13	49	189	280
广西	198	378	201	381
海南	11	19	11	19
重庆	107	155	127	195
四川	733	1366	750	1387
贵州	83	152	89	170
云南	539	779	733	1003
西藏	27	60	27	60
陕西	57	105	87	140
甘肃	228	405	236	413
青海	79	181	81	181
宁夏	13	42	13	42
新疆	144	253	162	313

水力发电机组分类情况(不足5万千瓦)

单位：台，万千瓦

2018年		2019年		2020年	
台	容量	台	容量	台	容量
3813	**6230**	**3990**	**6471**	**3996**	**6499**
10	12	9	11	9	11
12	14	12	14	11	13
10	18	11	19	11	19
6	6	3	4	4	6
29	70	30	72	33	76
26	31	25	30	25	30
32	34	32	34	32	34
128	168	135	174	139	181
34	54	39	61	41	58
243	343	245	345	243	342
45	104	136	246	128	217
				1	1
15	27	18	34	18	34
181	254	182	255	184	284
281	470	285	486	284	484
183	262	192	275	192	275
189	362	207	383	204	378
12	21	12	21	12	21
138	203	145	208	141	201
772	1422	757	1389	753	1398
91	179	91	179	103	206
764	1026	793	1047	794	1050
28	63	41	85	41	85
86	132	89	141	81	132
244	422	244	422	244	422
81	181	78	176	69	157
13	42	13	42	13	42
160	307	166	320	186	342

2-48 分地区单机6000千瓦及以上

地 区	2016年		2017年	
	台	容量	台	容量
全 国	**7646**	**100885**	**7796**	**102501**
北 京	62	967	65	985
天 津	91	1291	87	1248
河 北	416	4847	329	4221
山 西	458	6282	460	6316
内蒙古	395	7486	417	8151
辽 宁	304	3103	309	3182
吉 林	185	1790	181	1812
黑龙江	337	2077	334	2177
上 海	98	2237	113	2259
江 苏	740	9026	756	9732
浙 江	587	6031	605	6105
安 徽	286	4594	281	3825
福 建	180	2887	190	3058
江 西	34	1701	33	1694
山 东	1013	7665	1006	7723
河 南	350	6328	395	6522
湖 北	259	2677	272	2769
湖 南	206	2111	198	2052
广 东	203	7032	236	5861
广 西	254	2109	272	2178
海 南	38	461	42	468
重 庆	110	1252	112	1625
四 川	193	1600	202	1619
贵 州	82	2744	93	2905
云 南	100	1340	114	1357
西 藏	17	35	17	35
陕 西	180	3035	178	3136
甘 肃	127	1998	116	1836
青 海	15	374	15	371
宁 夏	121	2041	132	2470
新 疆	205	3764	236	4808

火力发电机组分类情况(合计)

单位：台，万千瓦

2018年		2019年		2020年	
台	容量	台	容量	台	容量
8070	**107969**	**8430**	**112722**	**8776**	**118890**
71	1052	80	1076	74	990
82	1443	84	1455	88	1577
402	4945	401	5058	410	5237
475	6576	481	6623	418	6690
420	8256	421	8321	441	9031
311	3372	327	3423	347	3631
194	1885	197	1839	200	1846
335	2188	357	2229	374	2398
120	2354	122	2460	120	2435
765	10050	762	10351	764	10050
577	6175	585	6176	610	6329
315	4777	344	5433	359	5512
197	3110	212	3152	240	3463
35	1894	132	2199	222	2440
1026	7830	1078	8276	1129	8500
387	6800	391	7028	370	7047
273	2866	284	3136	263	3252
202	2073	194	2066	207	2245
286	6482	333	7323	432	9554
266	2223	274	2242	276	2274
43	594	42	468	46	542
122	1713	120	1593	118	1512
200	1530	222	1536	226	1561
97	2835	101	3203	115	3442
177	1499	159	1313	172	1436
		4	4	4	4
190	3400	203	3830	224	4414
135	2068	122	2068	127	2305
15	371	18	379	16	379
121	2668	129	3038	120	3016
231	4939	251	5427	264	5777

2-49 分地区单机6000千瓦及以上

地 区	2016年		2017年	
	台	容量	台	容量
全 国	**96**	**9691**	**103**	**10457**
北 京				
天 津	2	200	2	200
河 北				
山 西				
内蒙古				
辽 宁	2	200	2	200
吉 林				
黑龙江				
上 海	4	400	4	400
江 苏	20	2000	24	2400
浙 江	16	1600	16	1600
安 徽	5	505	8	805
福 建	2	200	4	400
江 西	2	200	2	200
山 东	8	818	8	821
河 南	7	712	7	712
湖 北	4	400	4	400
湖 南				
广 东	14	1417	12	1280
广 西	4	409	4	409
海 南				
重 庆	2	210	2	210
四 川				
贵 州				
云 南				
西 藏				
陕 西				
甘 肃				
青 海				
宁 夏	2	200	2	200
新 疆	2	220	2	220

火力发电机组分类情况(100万千瓦及以上)

单位：台，万千瓦

2018年		2019年		2020年	
台	容量	台	容量	台	容量
113	**11457**	**132**	**13518**	**143**	**14546**
4	400	4	400	4	400
		2	220	2	200
				2	200
2	200	2	200	2	200
4	400	4	400	4	400
25	2500	26	2600	26	2600
16	1600	16	1616	16	1616
8	805	9	905	9	905
4	410	4	410	4	410
4	400	4	400	4	400
8	821	10	1021	12	1221
8	812	9	912	10	1012
4	400	6	600	6	600
13	1380	15	1580	21	2228
4	409	4	409	4	409
2	200	2	200	2	200
		1	225	1	125
2	200	6	600	6	600
				2	200
3	300	6	600	4	400
2	220	2	220	2	220

2-50 分地区单机6000千瓦及以上

地区	2016年		2017年	
	台	容量	台	容量
全 国	**540**	**34081**	**559**	**35374**
北 京				
天 津	2	120	2	120
河 北	26	1596	25	1546
山 西	36	2208	36	2208
内蒙古	52	3189	58	3586
辽 宁	14	896	14	896
吉 林	6	398	6	398
黑龙江	7	420	7	420
上 海	8	552	8	552
江 苏	41	2611	41	2611
浙 江	29	1860	29	1873
安 徽	42	2701	34	2179
福 建	23	1418	23	1418
江 西	15	1000	15	1000
山 东	22	1448	24	1581
河 南	41	2586	43	2706
湖 北	12	778	13	844
湖 南	17	1111	17	1111
广 东	36	2222	32	1999
广 西	11	709	11	709
海 南				
重 庆	4	252	12	756
四 川	11	660	11	660
贵 州	26	1614	29	1809
云 南	10	600	10	600
西 藏				
陕 西	24	1506	24	1506
甘 肃	6	384	6	384
青 海	2	132	2	132
宁 夏	8	516	14	912
新 疆	9	594	13	858

火力发电机组分类情况(60至不足100万千瓦)

单位：台，万千瓦

2018年		2019年		2020年	
台	容量	台	容量	台	容量
582	**36879**	**588**	**37298**	**628**	**40090**
2	120	2	120	4	305
27	1666	21	1306	22	1359
38	2340	38	2328	36	2290
58	3589	59	3661	66	4125
14	896	14	896	15	962
6	398	6	398	6	398
7	420	7	420	9	540
8	552	8	552	8	552
42	2679	43	2749	41	2629
29	1876	29	1882	31	2014
45	2903	46	2965	47	3035
23	1418	23	1418	27	1682
15	1000	15	1000	17	1132
25	1648	25	1635	25	1642
46	2892	49	3084	49	3084
14	910	14	910	16	1042
17	1111	17	1111	19	1233
32	1999	32	1999	38	2377
11	709	11	709	11	709
2	130				
12	756	10	624	8	504
11	660	11	660	11	660
27	1683	29	1815	32	2034
10	600	10	600	10	600
24	1506	24	1506	30	1902
6	384	6	384	6	384
2	132	2	132	2	132
15	978	16	1044	17	1110
14	924	21	1390	25	1654

2-51 分地区单机6000千瓦及以上

地区	2016年		2017年	
	台	容量	台	容量
全 国	**1090**	**36003**	**1072**	**35594**
北 京	11	351	13	409
天 津	20	683	19	654
河 北	73	2349	59	1911
山 西	80	2618	81	2653
内蒙古	79	2599	85	2802
辽 宁	37	1196	39	1256
吉 林	22	737	23	772
黑龙江	25	788	28	893
上 海	27	954	27	954
江 苏	78	2681	81	2855
浙 江	36	1353	36	1353
安 徽	28	902	12	382
福 建	28	964	28	964
江 西	13	429	13	429
山 东	80	2634	79	2602
河 南	58	1884	59	1914
湖 北	31	1034	31	1034
湖 南	20	663	18	603
广 东	68	2226	50	1683
广 西	15	501	15	501
海 南	8	276	8	276
重 庆	17	583	13	430
四 川	16	496	16	496
贵 州	32	960	30	900
云 南	20	600	20	600
西 藏				
陕 西	34	1076	38	1216
甘 肃	39	1284	37	1222
青 海	5	160	4	130
宁 夏	30	1004	31	1039
新 疆	60	2017	79	2660

火力发电机组分类情况(30至不足60万千瓦)

单位：台，万千瓦

2018年		2019年		2020年	
台	容量	台	容量	台	容量
1144	**38097**	**1194**	**39874**	**1228**	**41403**
13	409	13	409	10	314
19	654	22	747	20	681
75	2436	83	2722	87	2877
85	2793	87	2883	90	3119
87	2873	88	2903	88	2903
45	1466	45	1466	47	1536
24	807	22	747	22	747
28	903	28	903	28	903
29	1039	31	1132	31	1132
83	2934	87	3083	80	2857
36	1353	36	1353	36	1353
17	540	31	1006	29	944
28	964	28	964	28	964
13	429	14	463	13	429
80	2632	85	2804	84	2772
63	2049	63	2052	63	2105
32	1069	33	1104	33	1104
18	603	18	603	20	663
58	1968	73	2472	92	3229
18	606	18	606	18	606
8	276	8	276	10	372
15	523	15	523	18	618
16	496	16	496	16	496
32	960	32	960	34	1052
20	600	16	480	20	600
40	1286	40	1286	44	1430
41	1354	42	1391	43	1424
4	130	4	130	4	130
33	1112	33	1112	37	1245
84	2831	83	2796	83	2796

2-52 分地区单机6000千瓦及以上

地 区	2016年		2017年	
	台	容量	台	容量
全 国	**251**	**5432**	**243**	**5260**
北 京	17	458	15	403
天 津	4	80	4	80
河 北	19	401	18	384
山 西	27	600	27	600
内蒙古	38	769	39	796
辽 宁	11	224	11	224
吉 林	15	324	15	324
黑龙江	19	383	19	383
上 海				
江 苏	8	180	10	225
浙 江	9	215	9	215
安 徽	1	21	1	21
福 建				
江 西	3	65	3	65
山 东	13	294	14	323
河 南	19	394	19	394
湖 北	3	60	2	40
湖 南	2	42	2	42
广 东	13	300	9	195
广 西	2	44	3	71
海 南				
重 庆				
四 川	4	82	4	82
贵 州	3	60	3	60
云 南	2	40	2	40
西 藏				
陕 西	4	82	2	40
甘 肃	4	88		
青 海	2	48	3	75
宁 夏	2	40	2	40
新 疆	7	140	7	140

火力发电机组分类情况(20至不足30万千瓦)

单位：台，万千瓦

2018年		2019年		2020年	
台	容量	台	容量	台	容量
236	**5144**	**220**	**4815**	**208**	**4576**
17	458	17	458	17	458
4	80				
17	364	15	324	14	299
25	560	24	540	18	433
39	789	38	769	38	769
10	204	10	204	10	204
15	324	15	324	15	324
18	363	17	342	17	342
10	225	10	225	10	225
9	215	7	172	5	129
1	21	1	21	1	21
3	65	4	91	4	91
14	323	13	294	9	200
15	312	12	252	10	210
2	40	2	40	2	40
2	42	2	42	2	42
10	229	8	187	10	232
1	27	1	27	1	27
3	60	3	60	3	60
2	40	2	40	2	40
2	40	2	40	2	40
4	88	4	88	4	88
3	75	3	75	4	102
2	40	2	40	2	40
8	162	8	162	8	162

2-53 分地区单机6000千瓦及以上

地区	2016年		2017年	
	台	容量	台	容量
全国	**471**	**6459**	**454**	**6154**
北京	5	80	6	94
天津	6	78	6	79
河北	4	52	4	52
山西	29	376	27	356
内蒙古	41	545	42	557
辽宁	17	217	17	217
吉林	7	80	7	80
黑龙江	3	35	3	35
上海	17	219	17	219
江苏	33	460	35	496
浙江	19	252	19	252
安徽	9	127	4	59
福建	9	115	5	61
江西				
山东	66	955	64	924
河南	30	414	28	386
湖北	6	89	7	107
湖南	2	27	2	27
广东	51	760	35	458
广西	12	176	12	176
海南	8	110	8	110
重庆	4	57	5	70
四川	8	102	8	102
贵州	6	84	7	94
云南	1	14	1	14
西藏	1	12	1	12
陕西	11	129	11	129
甘肃	10	139	10	139
青海	2	27	2	27
宁夏	9	125	7	99
新疆	45	609	54	727

火力发电机组分类情况(10至不足20万千瓦)

单位：台，万千瓦

2018年		2019年		2020年	
台	容量	台	容量	台	容量
451	**6163**	**455**	**6208**	**470**	**6377**
6	94	6	94	8	120
6	79	6	79	6	79
2	27	2	27	2	27
28	366	26	339	34	414
42	557	42	557	44	580
17	217	17	217	18	228
7	80	7	80	7	80
3	35	3	35	3	35
17	219	17	219	15	194
38	543	38	533	38	535
21	276	20	263	20	260
6	88	6	86	7	102
6	86	6	86	6	86
		5	59	1	11
61	877	63	910	62	894
25	346	25	346	17	240
7	105	7	105	8	115
2	27	2	27	2	27
43	575	49	669	63	867
10	149	10	149	10	149
8	110	8	110	6	82
4	57	5	67	1	10
7	85	5	58	5	58
6	84	7	94	8	107
6	92	2	32	2	32
8	94	8	94	10	114
10	139	8	117	8	117
2	27	2	27		
6	87	6	87	6	80
47	646	47	646	53	735

2-54 分地区单机6000千瓦及以上

地 区	2016年		2017年	
	台	容量	台	容量
全 国	**5198**	**9219**	**5365**	**9663**
北 京	29	78	31	79
天 津	57	130	54	115
河 北	294	449	223	328
山 西	286	481	289	499
内蒙古	185	385	193	411
辽 宁	223	370	226	390
吉 林	135	252	130	238
黑龙江	283	451	277	446
上 海	42	112	57	133
江 苏	560	1094	565	1146
浙 江	478	750	496	811
安 徽	201	338	222	380
福 建	118	189	130	214
江 西	1	7		
山 东	824	1517	817	1473
河 南	195	338	239	410
湖 北	203	316	215	343
湖 南	165	269	159	270
广 东	21	107	98	246
广 西	210	270	227	312
海 南	22	76	26	82
重 庆	83	150	80	159
四 川	154	260	163	279
贵 州	15	26	24	42
云 南	67	86	81	104
西 藏	16	23	16	23
陕 西	107	242	103	246
甘 肃	68	103	63	92
青 海	4	8	4	8
宁 夏	70	156	76	180
新 疆	82	185	81	203

火力发电机组分类情况(不足10万千瓦)

单位：台，万千瓦

2018年		2019年		2020年	
台	容量	台	容量	台	容量
5544	**10229**	**5841**	**11009**	**6099**	**11897**
35	91	44	115	39	97
47	109	50	108	54	112
281	452	278	458	283	475
299	518	306	534	240	434
194	448	194	430	203	453
223	389	239	441	255	502
142	276	147	290	150	297
279	467	302	529	317	578
62	144	62	157	62	157
567	1170	558	1162	569	1204
466	855	477	890	502	957
238	421	251	450	266	505
136	232	151	273	175	321
		90	187	183	378
838	1530	882	1613	937	1772
230	390	233	383	221	397
214	341	222	377	198	351
163	290	155	283	164	281
130	331	156	416	208	620
222	323	230	342	232	375
25	78	26	82	30	88
89	177	88	178	89	180
166	289	190	322	194	347
29	48	29	48	37	63
139	167	129	161	138	165
		4	4	4	4
114	274	123	304	132	328
74	104	62	88	64	93
4	8	7	15	6	15
62	150	66	155	54	141
76	156	90	213	93	210

2-55 分地区6000千瓦及以上电厂发电设备平均利用小时(合计)

单位：小时

地 区	2016年	2017年	2018年	2019年	2020年
全 国	**3797**	**3790**	**3880**	**3828**	**3756**
北 京	3983	3482	3655	3656	3570
天 津	4141	3996	4218	3779	3743
河 北	4159	4135	4047	3790	3489
山 西	3485	3584	3758	3740	3557
内蒙古	3656	3772	4159	4272	4148
辽 宁	3857	3807	3859	3804	3710
吉 林	2756	2841	3004	3065	3137
黑龙江	3411	3384	3413	3482	3356
上 海	3564	3681	3527	3206	3357
江 苏	4806	4563	4213	3995	3902
浙 江	4010	4050	4055	3973	3887
安 徽	4161	4099	4327	4155	3912
福 建	3917	4183	4496	4449	4477
江 西	4165	4068	4126	4112	3969
山 东	4788	4240	4256	4061	3969
河 南	3674	3571	3589	3213	3006
湖 北	3819	3876	4034	3968	3872
湖 南	3325	3313	3391	3483	3404
广 东	3861	4137	4209	3957	3810
广 西	3494	3231	3735	4123	4129
海 南	4137	4126	3946	3878	3631
重 庆	3443	3191	3445	3393	3392
四 川	3786	3787	3874	3988	4223
贵 州	3602	3511	3481	3689	3470
云 南	3192	3394	3600	3620	3754
西 藏	2378	2180	2276	2638	2454
陕 西	4105	4156	3829	3790	3646
甘 肃	2554	2727	3212	3274	3452
青 海	2458	2578	2971	2925	2847
宁 夏	3575	3643	3649	3476	3281
新 疆	3507	3605	3641	3918	4065

2-56 分地区6000千瓦及以上电厂发电设备平均利用小时增减(合计)

单位：小时

地 区	2016年	2017年	2018年	2019年	2020年
全 国	**-191**	**-7**	**90**	**-51**	**-72**
北 京	177	-501	173	1	-86
天 津	-312	-145	222	-439	-36
河 北	43	-24	-87	-257	-302
山 西	-259	99	174	-18	-183
内蒙古	-408	117	387	113	-124
辽 宁	35	-50	52	-55	-94
吉 林	14	85	163	61	72
黑龙江	-108	-27	29	69	-126
上 海	-107	117	-154	-321	151
江 苏	-102	-243	-350	-218	-93
浙 江	-9	40	5	-82	-86
安 徽	-113	-62	228	-172	-243
福 建	-79	266	313	-47	28
江 西	-399	-97	59	-14	-143
山 东	-186	-548	16	-195	-92
河 南	-239	-103	18	-376	-207
湖 北	69	57	158	-66	-96
湖 南	-50	-12	78	92	-79
广 东	-117	276	72	-252	-147
广 西	-246	-263	504	388	5
海 南	-631	-11	-180	-68	-248
重 庆	-159	-252	254	-52	-1
四 川	-160	1	87	114	235
贵 州	-331	-91	-30	208	-219
云 南	-426	203	206	20	134
西 藏	110	-198	96	362	-184
陕 西	-336	51	-327	-39	-144
甘 肃	-222	173	485	62	178
青 海	-594	120	393	-46	-78
宁 夏	-719	68	6	-173	-195
新 疆	-246	98	36	277	147

2-57 分地区6000千瓦及以上电厂发电设备平均利用小时(水电)

单位：小时

地　区	2016年	2017年	2018年	2019年	2020年
全　国	**3619**	**3597**	**3607**	**3697**	**3825**
北　京	1234	1135	1000	1032	1156
天　津					
河　北	1242	999	753	829	780
山　西	1575	1721	1850	2247	2142
内蒙古	1152	970	1873	2424	2403
辽　宁	1911	1539	1539	1439	1844
吉　林	2214	2021	2036	1654	1900
黑龙江	2167	2396	2465	2558	2901
上　海					
江　苏	1524	1294	1256	1162	1217
浙　江	2504	1790	1546	2032	1745
安　徽	2045	1786	1674	1435	1673
福　建	4776	3259	2504	3345	2196
江　西	3807	2353	1831	2420	2094
山　东	1348	616	442	473	794
河　南	2228	2446	3538	3571	3430
湖　北	3869	4120	4071	3758	4495
湖　南	3621	3245	2785	3421	3754
广　东	3631	2869	1519	1932	1479
广　西	3803	3814	3882	3750	3714
海　南	2577	2769	1962	1089	972
重　庆	3729	3692	3345	3273	3730
四　川	4234	4236	4220	4291	4571
贵　州	3315	3287	3268	3406	3631
云　南	3792	4059	4241	4184	4221
西　藏	3136	3229	3597	4116	3821
陕　西	2437	3105	2868	3697	3515
甘　肃	3534	4162	4840	5180	5247
青　海	2572	2816	4360	4649	5024
宁　夏	3356	3716	4711	5161	5312
新　疆	3452	3755	3626	3762	3430

2-58 分地区6000千瓦及以上电厂发电设备平均利用小时增减(水电)

单位：小时

地 区	2016年	2017年	2018年	2019年	2020年
全 国	**29**	**-22**	**10**	**90**	**128**
北 京	570	-99	-135	32	124
天 津					
河 北	679	-243	-246	76	-49
山 西	330	146	129	397	-105
内蒙古	-604	-182	903	551	-21
辽 宁	829	-372		-100	405
吉 林	814	-193	15	-382	246
黑龙江	303	229	69	93	343
上 海					
江 苏	513	-230	-38	-94	55
浙 江	367	-714	-244	486	-287
安 徽	601	-259	-112	-239	238
福 建	1408	-1517	-755	841	-1149
江 西	530	-1453	-522	589	-326
山 东	650	-732	-174	31	321
河 南	-427	218	1092	33	-141
湖 北	249	251	-49	-313	737
湖 南	259	-376	-460	636	333
广 东	835	-762	-1350	412	-453
广 西	-581	11	68	-132	-36
海 南	1059	192	-807	-873	-116
重 庆	215	-37	-347	-71	457
四 川	-52	2	-16	71	280
贵 州	-525	-28	-18	138	225
云 南	-121	268	181	-56	36
西 藏	18	93	368	519	-295
陕 西	-626	668	-237	829	-182
甘 肃	-320	628	678	340	67
青 海	-685	244	1544	289	375
宁 夏	-337	360	995	450	151
新 疆	-165	303	-128	136	-332

2-59 分地区6000千瓦及以上电厂发电设备平均利用小时(火电)

单位：小时

地 区	2016年	2017年	2018年	2019年	2020年
全 国	**4186**	**4219**	**4378**	**4307**	**4211**
北 京	4320	3754	3939	3931	3823
天 津	4314	4147	4471	4028	4015
河 北	4974	5056	5090	4851	4447
山 西	3800	3996	4318	4426	4403
内蒙古	4532	4628	5124	5267	5066
辽 宁	4331	4251	4199	4070	3951
吉 林	3286	3406	3590	3767	3909
黑龙江	3922	3866	3886	3963	3822
上 海	3610	3731	3571	3253	3411
江 苏	5093	4909	4576	4329	4262
浙 江	3921	4165	4201	4075	3888
安 徽	4487	4595	5005	4838	4577
福 建	3161	3879	4507	4299	4610
江 西	4560	5023	5269	5153	5144
山 东	5187	4660	4707	4443	4377
河 南	3855	3860	3893	3523	3330
湖 北	3985	3956	4527	4796	3851
湖 南	3270	3564	4048	3978	3761
广 东	3723	4102	4290	3841	3740
广 西	3008	2655	3502	4353	4492
海 南	4241	4205	4549	4563	4063
重 庆	3340	3021	3572	3584	3403
四 川	2121	2123	2713	3084	3247
贵 州	3980	3899	3938	4237	3883
云 南	1418	1405	1928	2108	2721
西 藏	82	111	304	297	313
陕 西	4491	4711	4428	4383	4234
甘 肃	3612	3508	4178	4236	4550
青 海	3989	4306	3156	2667	2572
宁 夏	4904	5020	4865	4603	4411
新 疆	4768	4719	4647	5069	5260

2-60 分地区6000千瓦及以上电厂发电设备平均利用小时增减(火电)

单位：小时

地 区	2016年	2017年	2018年	2019年	2020年
全 国	**-179**	**33**	**159**	**-71**	**-97**
北 京	162	-566	185	-8	-108
天 津	-205	-167	324	-443	-13
河 北	128	82	34	-240	-403
山 西	-300	196	322	108	-23
内蒙古	-448	96	496	143	-201
辽 宁	-12	-80	-52	-129	-119
吉 林	-40	120	184	177	142
黑龙江	-159	-56	20	77	-141
上 海	-106	121	-160	-318	158
江 苏	-32	-184	-333	-247	-67
浙 江	-29	244	36	-126	-187
安 徽	-54	108	410	-167	-261
福 建	-711	718	628	-208	311
江 西	-367	463	246	-116	-9
山 东	-116	-527	47	-264	-66
河 南	-170	5	33	-370	-193
湖 北	-39	-29	571	269	-945
湖 南	-182	294	484	-70	-217
广 东	-243	379	188	-449	-101
广 西	-176	-353	846	851	140
海 南	-1345	-36	344	14	-500
重 庆	-318	-319	551	12	-181
四 川	-561	2	590	371	163
贵 州	-324	-81	39	299	-354
云 南	-555	-13	523	180	613
西 藏	8	29	193	-7	16
陕 西	-199	220	-283	-45	-149
甘 肃	-166	-104	670	58	314
青 海	-969	317	-1150	-489	-95
宁 夏	-518	116	-155	-262	-192
新 疆	38	-49	-71	422	191

2-61 分地区6000千瓦及以上电厂发电设备平均利用小时(风电)

单位：小时

地　区	2016年	2017年	2018年	2019年	2020年
全　国	**1745**	**1949**	**2103**	**2083**	**2078**
北　京	1750	1854	1866	1816	2005
天　津	2075	2095	1830	1965	1769
河　北	2070	2250	2276	2144	2145
山　西	1936	1992	2196	1918	1680
内蒙古	1830	2063	2251	2306	2375
辽　宁	1929	2142	2265	2300	2244
吉　林	1333	1721	2057	2216	2309
黑龙江	1666	1907	2144	2323	2266
上　海	2162	2337	2489	2065	2289
江　苏	1980	1987	2216	1973	2001
浙　江	2161	2007	2173	2090	2131
安　徽	2109	2006	2150	1809	1819
福　建	2503	2756	2587	2639	2880
江　西	2114	1995	1940	2028	2104
山　东	1869	1784	1971	1863	1798
河　南	1902	1721	1746	1480	1536
湖　北	2063	2098	2159	1960	1881
湖　南	2125	2097	2051	1960	2028
广　东	1928	2044	1860	1761	2096
广　西	2359	2280	2294	2385	2744
海　南	1801	1848	1524	1645	1984
重　庆	2023	2286	2177	1996	2149
四　川	2247	2353	2333	2553	2537
贵　州	1806	1818	1821	1861	2049
云　南	2243	2439	2643	2808	2857
西　藏	1908	1672	1863	2173	1890
陕　西	1951	1893	1959	1931	1748
甘　肃	1088	1469	1772	1787	1904
青　海	1726	1664	1524	1743	1474
宁　夏	1553	1650	1888	1811	1653
新　疆	1290	1748	1941	2113	2153

2-62 分地区6000千瓦及以上电厂发电设备平均利用小时增减(风电)

单位：小时

地　区	2016年	2017年	2018年	2019年	2020年
全　国	**20**	**204**	**155**	**-21**	**-5**
北　京	47	104	12	-50	189
天　津	-152	20	-265	135	-196
河　北	262	180	27	-133	1
山　西	239	56	204	-278	-238
内蒙古	-35	233	187	55	70
辽　宁	149	213	123	35	-56
吉　林	-97	388	336	159	93
黑龙江	146	241	237	179	-57
上　海	163	175	152	-424	224
江　苏	227	7	229	-243	28
浙　江	274	-154	166	-83	41
安　徽	367	-103	144	-341	10
福　建	-155	253	-169	52	241
江　西	84	-118	-56	89	76
山　东	74	-85	187	-108	-65
河　南	109	-181	25	-266	56
湖　北	136	35	61	-199	-79
湖　南	8	-28	-46	-91	68
广　东	163	116	-184	-100	335
广　西	215	-78	13	91	359
海　南	-113	47	-324	121	340
重　庆	-161	263	-109	-181	154
四　川	-113	106	-20	220	-16
贵　州	607	12	3	41	187
云　南	-330	196	203	165	49
西　藏	148	-236	191	310	-283
陕　西	-63	-58	66	-28	-183
甘　肃	-96	381	303	15	117
青　海	-226	-62	-140	219	-269
宁　夏	-61	97	238	-77	-158
新　疆	-281	458	194	172	39

2-63　分地区6000千瓦及以上电厂发电设备平均利用小时(太阳能发电)

单位：小时

地　区	2016年	2017年	2018年	2019年	2020年
全　国	**1129**	**1205**	**1230**	**1291**	**1281**
北　京	946	1551	1261	1323	1242
天　津	515	1027	864	1144	1265
河　北	1221	1303	1275	1379	1336
山　西	1459	1374	1265	1307	1277
内蒙古	1425	1524	1632	1663	1654
辽　宁	1189	1072	1235	1396	1453
吉　林	1187	1251	1332	1504	1531
黑龙江	1467	1249	1447	1566	1604
上　海	743	893	946	867	861
江　苏	1087	1188	1059	1192	1165
浙　江	959	1044	1085	1104	998
安　徽	870	992	1065	1102	1071
福　建	635	843	1099	1040	1063
江　西	687	891	1064	1004	917
山　东	1064	1154	1227	1284	1225
河　南	696	934	998	1061	1055
湖　北	916	987	1115	1103	1013
湖　南	664	512	933	905	902
广　东	728	843	884	915	1020
广　西	959	919	1006	1097	1085
海　南	1070	1113	752	1023	1061
重　庆		549	602	606	655
四　川	1488	1492	1461	1554	1466
贵　州	1006	793	932	1092	1032
云　南	1227	1282	1182	1350	1332
西　藏	1519	894	900	1210	1116
陕　西	1245	1270	1274	1273	1392
甘　肃	1000	1123	1336	1422	1511
青　海	1428	1518	1464	1487	1376
宁　夏	1270	1326	1383	1371	1393
新　疆	886	1156	1228	1284	1396

2-64 分地区6000千瓦及以上电厂发电设备平均利用小时增减(太阳能发电)

单位：小时

地　区	2016年	2017年	2018年	2019年	2020年
全　国	**-96**	**76**	**25**	**61**	**-10**
北　京	374	605	-290	62	-81
天　津	-192	512	-163	280	121
河　北	109	82	-28	104	-43
山　西	429	-85	-109	42	-30
内蒙古	-37	99	108	31	-9
辽　宁	-45	-117	163	161	57
吉　林	-453	64	81	172	27
黑龙江	-144	-218	198	119	38
上　海	120	150	53	-79	-6
江　苏	18	101	-129	133	-27
浙　江	326	85	41	19	-106
安　徽	208	122	73	37	-31
福　建	-174	208	256	-59	23
江　西	-59	204	173	-60	-87
山　东	-48	90	73	57	-59
河　南	-442	238	64	63	-6
湖　北	-44	71	128	-12	-90
湖　南	-75	-152	421	-28	-3
广　东	132	115	41	31	105
广　西	254	-40	87	90	-11
海　南	-167	43	-361	271	38
重　庆		549	53	4	49
四　川	80	4	-31	93	-88
贵　州	-100	-213	139	160	-60
云　南	-276	55	-100	167	-18
西　藏	-98	-625	6	310	-94
陕　西	-98	25	4	-1	119
甘　肃	-62	123	213	86	89
青　海	-209	90	-54	23	-111
宁　夏	-269	56	57	-12	22
新　疆	-159	270	72	56	112

2-65 分地区6000千瓦及以上电厂发电厂用电率(合计)

单位：%

地　区	2016年	2017年	2018年	2019年	2020年
全　国	**4.77**	**4.80**	**4.69**	**4.67**	**4.65**
北　京	2.47	2.47	2.61	2.73	2.65
天　津	5.98	5.98	5.55	5.34	5.21
河　北	5.66	5.51	5.26	5.14	4.80
山　西	7.08	6.83	6.72	6.54	6.32
内蒙古	6.32	6.40	6.41	6.28	6.05
辽　宁	6.39	6.13	5.90	5.63	5.46
吉　林	5.92	6.00	5.57	5.92	5.83
黑龙江	6.15	6.13	5.86	5.89	5.66
上　海	4.52	4.50	4.55	4.54	4.69
江　苏	4.59	4.49	4.25	4.33	4.38
浙　江	4.83	4.81	4.92	4.96	5.07
安　徽	4.57	4.56	4.69	4.62	4.45
福　建	3.71	3.82	4.98	3.91	4.15
江　西	4.35	4.49	4.31	4.17	4.45
山　东	6.12	6.18	5.80	6.26	6.64
河　南	5.33	5.64	4.88	4.61	4.36
湖　北	2.22	2.14	2.39	2.64	2.18
湖　南	4.02	4.12	4.13	3.80	3.42
广　东	4.59	4.82	4.91	4.83	4.93
广　西	3.33	3.25	3.41	3.60	3.54
海　南	7.80	7.35	7.02	6.91	6.68
重　庆	4.87	5.02	5.30	5.30	5.10
四　川	0.54	0.52	0.64	0.65	0.63
贵　州	5.17	5.35	5.15	5.17	4.97
云　南	1.01	1.01	0.98	0.85	1.12
西　藏	1.10	0.79	0.67	0.52	2.86
陕　西	7.04	6.84	6.65	6.23	6.09
甘　肃	4.11	3.38	3.20	3.39	3.36
青　海	2.07	1.82	1.12	0.82	0.88
宁　夏	7.71	7.05	6.77	7.17	6.87
新　疆	6.51	6.32	6.18	6.79	6.81

2-66 分地区6000千瓦及以上电厂发电厂用电率(水电)

单位：%

地 区	2016年	2017年	2018年	2019年	2020年
全 国	**0.29**	**0.27**	**0.25**	**0.24**	**0.25**
北 京	1.03	0.99	0.94	0.86	0.87
天 津					
河 北	2.73	3.56	1.32	2.12	1.63
山 西	0.60	0.48	0.37	0.26	0.28
内蒙古	0.90	0.95	0.57	0.39	0.67
辽 宁	1.88	1.94	1.81	1.72	1.47
吉 林	0.64	0.72	1.23	0.93	0.76
黑龙江	0.97	0.99	1.06	1.10	1.02
上 海					
江 苏	1.07	0.97	0.06	0.06	0.06
浙 江	0.39	0.47	0.53	0.45	0.49
安 徽	0.62	0.69	0.70	2.21	0.78
福 建	0.07	0.28	0.32	0.10	0.17
江 西	0.53	0.65	0.68	0.56	0.78
山 东	0.65	1.24	1.84	1.70	1.18
河 南	0.35	0.39	0.25	0.20	0.26
湖 北	0.11	0.11	0.11	0.11	0.11
湖 南	0.56	0.79	0.80	0.75	0.63
广 东	0.43	0.56	0.50	0.46	0.63
广 西	0.37	0.39	0.36	0.41	0.38
海 南	0.48	0.43	0.34	0.47	0.50
重 庆	0.42	0.46	0.50	0.49	0.41
四 川	0.33	0.10	0.10	0.10	0.09
贵 州	0.17	0.22	0.18	0.17	0.16
云 南	0.20	0.24	0.25	0.15	0.15
西 藏	0.68	0.58	0.61	0.55	2.47
陕 西	1.30	1.62	1.20	0.80	0.83
甘 肃	0.56	0.51	0.41	0.79	1.06
青 海	0.33	0.31	0.23	0.19	0.18
宁 夏	2.40	3.02	1.90	1.49	1.40
新 疆	0.20	0.20	0.20	0.20	0.32

2-67 分地区6000千瓦及以上电厂发电厂用电率(火电)

单位：%

地 区	2016年	2017年	2018年	2019年	2020年
全 国	**6.01**	**6.04**	**5.95**	**6.01**	**5.98**
北 京	2.53	2.53	2.67	2.79	2.71
天 津	6.02	6.07	5.64	5.46	5.37
河 北	6.14	6.09	5.93	5.84	5.64
山 西	7.55	7.36	7.36	7.24	7.09
内蒙古	7.24	7.30	7.41	7.32	7.01
辽 宁	6.53	6.51	6.41	6.17	5.96
吉 林	6.93	6.87	6.68	7.05	7.13
黑龙江	6.72	6.75	6.50	6.58	6.52
上 海	4.55	4.53	4.59	4.57	4.74
江 苏	4.58	4.47	4.28	4.36	4.45
浙 江	5.01	4.88	4.98	5.07	5.12
安 徽	4.65	4.64	4.79	4.72	4.49
福 建	4.43	4.02	5.08	4.30	4.23
江 西	5.00	5.07	4.80	4.77	4.94
山 东	6.23	6.30	6.17	6.49	6.87
河 南	5.56	5.82	5.29	5.11	4.92
湖 北	5.21	5.10	5.17	5.08	5.07
湖 南	6.28	6.03	5.63	5.45	5.33
广 东	5.33	5.10	4.96	4.92	4.94
广 西	6.92	6.49	5.97	5.85	5.85
海 南	8.08	7.90	7.64	7.58	7.34
重 庆	7.15	7.11	7.12	7.14	7.24
四 川	4.26	4.22	4.52	4.38	4.29
贵 州	7.96	8.20	7.88	7.82	8.00
云 南	7.77	8.12	8.14	8.12	7.52
西 藏	27.07	5.21	0.27	0.88	
陕 西	7.30	7.32	7.28	6.95	6.79
甘 肃	6.05	5.41	5.41	5.41	5.45
青 海	7.01	6.58	6.54	6.40	6.09
宁 夏	8.85	8.29	7.90	8.42	8.15
新 疆	7.80	7.80	7.60	8.43	8.15

2-68 分地区6000千瓦及以上电厂发电煤耗

单位：克/千瓦时

地 区	2016年	2017年	2018年	2019年	2020年
全 国	**293.9**	**291.3**	**289.9**	**288.8**	**287.2**
北 京	205.9	204.2	204.4	201.1	196.4
天 津	277.2	272.6	270.3	262.4	260.9
河 北	300.8	297.3	291.1	290.5	287.5
山 西	296.5	296.8	297.7	299.1	293.7
内蒙古	309.9	307.3	306.3	301.8	298.0
辽 宁	290.0	289.5	291.3	284.9	284.4
吉 林	282.7	283.0	278.1	272.9	276.7
黑龙江	302.6	298.6	292.5	292.1	290.7
上 海	287.2	286.4	284.7	279.6	279.3
江 苏	283.2	281.7	280.0	277.5	277.3
浙 江	282.6	281.8	281.6	281.9	281.3
安 徽	289.4	283.8	275.3	283.2	284.8
福 建	296.4	291.8	290.6	290.0	291.6
江 西	292.1	290.7	283.9	287.6	287.8
山 东	299.9	294.3	290.5	289.0	277.2
河 南	296.3	292.6	288.5	289.1	288.7
湖 北	294.6	289.0	287.0	287.0	283.8
湖 南	303.8	294.5	296.8	293.8	292.8
广 东	287.5	282.3	288.5	284.1	280.9
广 西	301.3	292.5	294.6	292.9	294.0
海 南	271.0	281.4	281.0	280.0	281.0
重 庆	297.6	298.1	296.7	294.8	289.0
四 川	309.2	309.2	308.5	303.3	306.2
贵 州	302.3	301.4	301.6	300.4	299.8
云 南	315.1	310.6	312.7	307.9	313.8
西 藏	358.0	366.0	357.8	366.0	370.2
陕 西	302.2	303.7	303.6	300.2	300.8
甘 肃	299.9	298.9	306.7	302.1	296.1
青 海	320.9	309.6	313.1	305.6	299.6
宁 夏	298.3	298.0	295.0	302.0	293.0
新 疆	299.4	294.6	293.5	288.0	301.9

2-69 分地区6000千瓦及以上电厂发电煤耗增减

单位：克/千瓦时

地 区	2016年	2017年	2018年	2019年	2020年
全 国	**-2.9**	**-2.7**	**-1.3**	**-1.2**	**-1.6**
北 京	-3.8	-1.7	0.1	-3.2	-4.7
天 津	-4.9	-4.7	-2.3	-7.9	-1.5
河 北	-5.0	-3.5	-6.3	-0.6	-3.0
山 西	-4.8	0.3	1.0	1.4	-5.4
内蒙古	-4.6	-2.6	-1.0	-4.5	-3.8
辽 宁	-2.2	-0.5	1.8	-6.4	-0.5
吉 林		0.3	-4.9	-5.2	3.8
黑龙江	-4.4	-4.0	-6.1	-0.4	-1.4
上 海	0.6	-0.8	-1.7	-5.1	-0.4
江 苏	-5.1	-1.6	-1.7	-2.4	-0.2
浙 江	-1.2	-0.8	-0.2	0.4	-0.6
安 徽	1.8	-5.6	-8.5	7.9	1.6
福 建	2.8	-4.6	-1.2	-0.6	1.6
江 西	-3.0	-1.4	-6.8	3.7	0.2
山 东	-3.0	-5.6	-3.8	-1.5	-11.9
河 南	-1.8	-3.7	-4.1	0.6	-0.4
湖 北	-3.1	-5.6	-2.0		-3.2
湖 南	-0.7	-9.2	2.3	-3.0	-1.0
广 东	-4.8	-5.2	6.2	-4.4	-3.2
广 西	3.2	-8.8	2.1	-1.7	1.2
海 南	-10.6	10.4	-0.4	-1.0	1.0
重 庆	-8.4	0.5	-1.4	-1.9	-5.8
四 川	5.1	0.1	-0.7	-5.2	2.9
贵 州	-2.4	-0.9	0.2	-1.2	-0.5
云 南	2.4	-4.5	2.1	-4.8	5.9
西 藏	-16.0	8.0	-8.2	8.2	4.2
陕 西	-3.6	1.4		-3.5	0.6
甘 肃	-4.6	-1.0	7.8	-4.6	-6.1
青 海	-17.8	-11.2	3.5	-7.5	-6.0
宁 夏	8.3	-0.3	-3.0	7.0	-9.0
新 疆	-4.1	-4.8	-1.1	-5.5	13.9

2-70 分地区6000千瓦及以上电厂供电煤耗

单位：克/千瓦时

地 区	2016年	2017年	2018年	2019年	2020年
全 国	**312.1**	**309.4**	**307.6**	**306.4**	**304.9**
北 京	211.1	208.9	209.2	205.8	200.6
天 津	295.0	289.7	286.3	277.5	275.7
河 北	320.5	316.6	309.3	308.4	304.5
山 西	320.3	320.1	321.0	322.2	315.7
内蒙古	333.8	331.3	330.8	325.6	321.0
辽 宁	310.1	309.5	311.1	303.5	302.1
吉 林	304.3	304.0	298.3	292.8	297.2
黑龙江	324.1	319.9	312.7	312.5	310.8
上 海	300.9	300.0	298.4	293.0	293.1
江 苏	296.5	294.6	292.5	290.2	290.2
浙 江	297.6	296.1	296.1	296.7	296.1
安 徽	303.0	296.9	288.6	296.5	297.8
福 建	310.7	305.1	304.5	304.3	305.6
江 西	306.1	304.4	296.6	300.5	300.7
山 东	318.0	312.4	308.9	307.6	293.9
河 南	313.8	310.1	304.8	304.6	303.5
湖 北	309.9	304.0	302.0	302.0	298.6
湖 南	321.4	312.4	311.8	309.6	308.4
广 东	303.5	301.3	303.8	298.8	294.8
广 西	323.1	312.0	312.5	310.2	311.3
海 南	273.0	305.0	304.0	302.0	302.0
重 庆	320.2	320.9	319.4	317.5	311.6
四 川	329.0	328.4	328.4	322.3	325.0
贵 州	326.4	325.8	325.9	324.6	323.4
云 南	340.2	337.0	339.9	334.0	338.5
西 藏	386.0	393.0	387.1	385.0	389.1
陕 西	325.7	326.8	327.0	322.2	322.3
甘 肃	319.1	315.9	324.2	319.5	313.2
青 海	344.3	331.4	334.9	325.3	318.9
宁 夏	321.9	322.0	317.0	326.0	315.0
新 疆	320.2	315.8	313.7	307.0	328.7

2-71 分地区6000千瓦及以上电厂供电煤耗增减

单位：克/千瓦时

地 区	2016年	2017年	2018年	2019年	2020年
全 国	**-3.3**	**-2.7**	**-1.8**	**-1.2**	**-1.5**
北 京	-4.1	-2.2	0.3	-3.4	-5.2
天 津	-5.4	-5.3	-3.4	-8.8	-1.8
河 北	-5.7	-3.9	-7.2	-0.9	-3.9
山 西	-5.3	-0.3	1.0	1.2	-6.5
内蒙古	-3.6	-2.5	-0.5	-5.1	-4.6
辽 宁	-2.4	-0.7	1.6	-7.6	-1.4
吉 林	0.1	-0.3	-5.7	-5.5	4.3
黑龙江	-4.7	-4.2	-7.2	-0.2	-1.8
上 海	0.9	-0.9	-1.6	-5.4	0.1
江 苏	-5.9	-1.9	-2.1	-2.3	-0.1
浙 江	-0.8	-1.5		0.6	-0.6
安 徽	1.6	-6.1	-8.3	7.9	1.3
福 建	2.2	-5.6	-0.7	-0.1	1.3
江 西	-3.9	-1.8	-7.8	3.9	0.2
山 东	-4.1	-5.6	-3.6	-1.2	-13.7
河 南	-1.8	-3.7	-5.3	-0.2	-1.1
湖 北	-3.1	-5.9	-2.0		-3.4
湖 南	-2.0	-9.0	-0.6	-2.1	-1.2
广 东	-6.2	-2.2	2.5	-5.0	-3.9
广 西	3.8	-11.1	0.5	-2.3	1.1
海 南	-33.5	32.0	-1.0	-2.0	
重 庆	-10.2	0.7	-1.5	-1.9	-5.9
四 川	6.0	-0.6		-6.1	2.7
贵 州	-1.5	-0.6	0.1	-1.3	-1.2
云 南	3.4	-3.3	2.9	-5.9	4.5
西 藏	-17.0	7.0	-5.9	-2.1	4.1
陕 西	-3.4	1.2	0.1	-4.8	0.1
甘 肃	-4.5	-3.2	8.3	-4.8	-6.3
青 海	-26.4	-12.9	3.5	-9.6	-6.3
宁 夏	10.9	0.1	-5.0	9.0	-11.0
新 疆	-5.2	-4.4	-2.1	-6.7	21.7

2-72 分地区6000千瓦及以上电厂发电耗用原煤量

单位：万吨

地区	2016年	2017年	2018年	2019年	2020年
全国	**165144**	**177592**	**195719**	**199443**	**208088**
北京	93	36	50	36	22
天津	1691	1884	2078	2012	1996
河北	9078	9714	9897	9617	9523
山西	10761	12377	13596	14194	14578
内蒙古	20010	22109	24380	26792	27652
辽宁	6900	7029	7181	7025	6742
吉林	3150	3355	3685	3717	3814
黑龙江	4204	4270	4462	4587	4448
上海	2782	2925	2809	2634	2661
江苏	16309	15810	15378	15121	14605
浙江	8148	8885	9068	8423	7938
安徽	8107	8902	9509	10707	9611
福建	285	4050	5030	4840	5650
江西	3032	3423	3774	3990	4041
山东	17982	17545	18512	17916	18808
河南	10238	10670	11080	9834	9355
湖北	3461	3526	4327	5202	4133
湖南	2790	2919	3489	3199	2796
广东	7827	7386	11389	10985	10991
广西	1544	1570	2478	3038	3097
海南	679	740	788	771	707
重庆	1700	1915	2277	2241	2010
四川	1062	1081	1426	1534	1554
贵州	5202	5855	6427	6929	6808
云南	1007	1084	1407	1472	2045
西藏					
陕西	5558	6261	6327	6698	7599
甘肃	3056	3096	3847	3756	4139
青海	591	657	514	414	406
宁夏	4256	4431	5663	6432	6794
新疆	3639	4083	4871	5328	13565

2-73 分地区6000千瓦及以上电厂发电耗用标煤量

单位：万吨

地区	2016年	2017年	2018年	2019年	2020年
全国	**112949**	**121811**	**130805**	**132007**	**139561**
北京	856	747	851	837	783
天津	1620	1569	1724	1666	1726
河北	6423	6654	6680	6598	6506
山西	6474	7140	7787	8108	8163
内蒙古	10395	11381	12847	13611	13599
辽宁	3875	3863	3947	3926	3950
吉林	1637	1681	1801	1859	1949
黑龙江	2427	2411	2498	2565	2557
上海	2320	2392	2332	2223	2300
江苏	12340	12435	12401	11988	11755
浙江	6551	7032	7150	6891	6645
安徽	5720	6077	6428	6941	6550
福建	201	3033	3730	3568	4097
江西	2182	2461	2693	2811	2931
山东	13332	12888	13429	12785	13318
河南	7119	7205	7449	6800	6514
湖北	2819	2850	3337	3943	3192
湖南	1979	2082	2493	2405	2182
广东	6309	8332	9226	8803	9173
广西	1065	1066	1627	2017	2116
海南	505	518	562	568	560
重庆	1275	1461	1713	1724	1630
四川	740	759	974	1074	1127
贵州	3019	3152	3415	3716	3755
云南	518	508	642	674	991
西藏	0.5	0.4	0.4	0.5	0.5
陕西	3888	4233	4151	4438	4998
甘肃	2085	2088	2532	2444	2631
青海	451	455	355	291	282
宁夏	2644	2894	3334	3822	3941
新疆	2178	2442	2694	2910	9640

2-74 分地区6000千瓦及以上电厂供热容量

单位：万千瓦

地 区	2016年	2017年	2018年	2019年	2020年
全 国	**39433**	**43526**	**47061**	**51990**	**56294**
北 京	690	721	721	692	672
天 津	989	1014	1304	1489	1489
河 北	3083	3367	3779	4112	4398
山 西	3734	3690	3969	3925	3999
内蒙古	3506	3984	4154	4434	4558
辽 宁	2076	2142	2502	2612	2766
吉 林	1302	1301	1395	1333	1336
黑龙江	1387	1615	1643	1696	1721
上 海	514	514	521	615	836
江 苏	5439	6186	6616	7135	7993
浙 江	1323	1542	1760	2354	3060
安 徽	1279	1262	1643	2399	2200
福 建	685	811	811	941	943
江 西					
山 东	6259	6401	6927	7484	8312
河 南	1956	2241	2468	2748	2905
湖 北	597	622	588	613	627
湖 南	352	530	464	398	450
广 东	328	1550	1002	1104	1756
广 西					69
海 南					
重 庆	185	184	179	189	203
四 川					
贵 州	150	150	30	30	90
云 南					
西 藏					
陕 西	734	996	1195	1333	1488
甘 肃	1121	1180	1214	1344	1344
青 海					
宁 夏	479		494	1279	1279
新 疆	1263	1523	1680	1731	1801

2-75 分地区6000千瓦及以上电厂供热量

单位：吉焦

地区	2016年	2017年	2018年	2019年	2020年
全国	**3858555683**	**4210843577**	**4806252247**	**4924924957**	**5194217689**
北京	77396957	76972628	81550005	79503079	82930755
天津	79878126	88056694	94896300	99813901	101777451
河北	210216529	225190605	266940536	272821120	312427081
山西	153220872	180401756	217399791	248934953	278214505
内蒙古	255094607	302937846	329495571	378746912	373339476
辽宁	330295565	344669349	361065890	419355898	473048532
吉林	195613159	199012838	206029785	205931033	38893998
黑龙江	271699733	280668783	302539087	301040574	323383128
上海	66451390	65040604	58210760	62079242	63437855
江苏	636410617	704471886	956667855	724856463	718146052
浙江	454456288	508243567	562384776	584176898	554122961
安徽	48570954	43967758	15811284	19064305	21294100
福建	2818236	32878079	39570824	45049680	47431914
江西					
山东	701623968	676956124	772393822	827685763	1097873610
河南	102437464	108596413	138388516	147788094	166133646
湖北	24462526	34049992	37787115	45863777	48360541
湖南	48335763	46546548	47447707	54597915	50356521
广东	46140504	58988025	49026064	39650354	56589806
广西					1521257
海南					
重庆	48040838	52089732	52199780	53943507	54942978
四川					
贵州	241812	682176	243206	214223	1784061
云南					
西藏					
陕西	29822655	34138029	41283501	49168212	53015378
甘肃	10974072	72306072	90924991	89320672	90835605
青海					
宁夏				73686806	79729877
新疆	64353047	73978073	83995079	101631578	104626601

2-76 分布式太阳能发电情况

地区	装机容量(万千瓦)			发电量(亿千瓦时)		
	2018年	2019年	2020年	2018年	2019年	2020年
全国	**5016**	**6211**	**7827**	**387**	**541**	**679**
北京	35	46	56	2	4	5
天津	31	38	45	2	3	4
河北	378	513	747	32	53	70
山西	183	231	280	14	25	31
内蒙古	15	80	88	1	3	13
辽宁	83	97	118	7	10	12
吉林	62	69	76	7	9	9
黑龙江	74	79	83	5	9	10
上海	82	102	117	5	7	9
江苏	540	664	788	40	53	61
浙江	777	925	1067	63	75	88
安徽	441	480	544	36	46	45
福建	111	131	164	9	11	15
江西	242	262	299	21	24	26
山东	713	942	1467	60	80	117
河南	391	454	571	27	38	49
湖北	175	202	212	13	17	19
湖南	166	189	200	10	13	14
广东	209	256	385	15	22	32
广西	29	29	40	1	2	3
海南	13	13	16	1	1	1
重庆	4	7	7	0.2	0.4	0.4
四川	13	19	22	1	2	2
贵州	17	19	19	1	1	1
云南	14	25	38	1	2	3
西藏						
陕西	103	161	194	6	14	16
甘肃	49	71	74	2	6	9
青海	10	15	17	1	2	2
宁夏	55	74	75	4	8	10
新疆	2	15	16	0.1	1	2

2-77 分地区火电机组退役情况

单位：万千瓦

地 区	2016年	2017年	2018年	2019年	2020年
全 国	**571**	**929**	**1197**	**1024**	**1469**
北 京					
天 津	89	89	86	1	0
河 北	27	51	69	58	44
山 西	3	43	60	216	174
内蒙古	18	14	4	4	9
辽 宁		15	24		
吉 林	20			60	
黑龙江	11	31	29	21	10
上 海	5			5	25
江 苏	30	137	58	58	141
浙 江	32	18	60	66	67
安 徽	8	46	38	12	
福 建	6	54	2		2
江 西		2		2	31
山 东	94	89	87	127	306
河 南		114	282	169	243
湖 北	2	26	7	5	224
湖 南	4	74	10	11	2
广 东		53	97	115	40
广 西	31	10	57	6	5
海 南					28
重 庆	9	2	14	1	58
四 川	40	1	73	30	2
贵 州					
云 南					
西 藏	2	1			
陕 西		58	13	1	2
甘 肃				34	
青 海					
宁 夏			18	18	27
新 疆	142	3	110	6	29

2-78 主要发电企业火电机组分容量等级发电装机容量情况

单位：台，万千瓦

地 区	2016年		2017年		2018年		2019年		2020年	
	台	容量	台	容量	台	容量	台	容量	台	容量
合 计	**1968**	**73309**	**2039**	**76670**	**1995**	**76673**	**2077**	**81698**	**2173**	**84603**
机组≥100	90	9051	97	9791	101	10183	118	12150	123	12399
60≤机组＜100	462	29258	481	30573	485	30828	510	32462	537	34288
30≤机组＜60	840	27882	874	29170	870	29124	913	30737	931	31450
20≤机组＜30	176	3727	165	3492	144	3062	142	3025	139	2977
10≤机组＜20	200	2795	212	3017	195	2807	177	2554	180	2632
0.6≤机组＜10	200	595	210	626	200	669	217	769	263	856

注：本表基于中国华能集团有限公司、中国大唐集团有限公司、中国华电集团有限公司、国家能源投资集团有限责任公司、国家电力投资集团有限公司、国投电力控股股份有限公司、中国核工业集团有限公司、中国长江三峡集团有限公司、华润电力控股有限公司、黄河万家寨水利枢纽有限公司、新力能源开发有限公司、北京能源集团有限责任公司、河北建设投资集团有限责任公司、晋能控股山西电力股份有限公司、申能股份有限公司、江苏省国信资产管理集团有限公司、浙江省能源集团有限公司、安徽省皖能股份有限公司、江西省投资集团有限公司、广东省能源集团有限公司、中国广核集团有限公司、广州发展集团股份有限公司、深圳能源集团股份有限公司、甘肃电力投资集团有限责任公司、中铝宁夏能源集团有限公司等公司报送数据汇总得出。

2-79 主要发电企业火电机组分容量等级发电量情况

单位：亿千瓦时

地　区	2016年	2017年	2018年	2019年	2020年
合　计	**29400**	**31715**	**33398**	**34482**	**34097**
机组≥100	4029	4629	5044	5447	5429
60≤机组<100	12045	13038	13827	14147	13985
30≤机组<60	10640	11398	11988	12540	12297
20≤机组<30	1382	1336	1226	1199	1177
10≤机组<20	1043	1058	1052	835	871
0.6≤机组<10	261	254	261	314	338

注：本表基于中国华能集团有限公司、中国大唐集团有限公司、中国华电集团有限公司、国家能源投资集团有限责任公司、国家电力投资集团有限公司、国投电力控股股份有限公司、中国核工业集团有限公司、中国长江三峡集团有限公司、华润电力控股有限公司、黄河万家寨水利枢纽有限公司、新力能源开发有限公司、北京能源集团有限责任公司、河北建设投资集团有限责任公司、晋能控股山西电力股份有限公司、申能股份有限公司、江苏省国信资产管理集团有限公司、浙江省能源集团有限公司、安徽省皖能股份有限公司、江西省投资集团有限公司、广东省能源集团有限公司、中国广核集团有限公司、广州发展集团股份有限公司、深圳能源集团股份有限公司、甘肃电力投资集团有限责任公司、中铝宁夏能源集团有限公司等公司报送数据汇总得出。

2-80 主要发电企业火电机组分容量等级利用小时情况

单位：小时

地 区	2016年	2017年	2018年	2019年	2020年
合 计	**4086**	**4229**	**4436**	**4365**	**4164**
机组≥100	4672	4847	5089	4748	4597
60≤机组＜100	4172	4333	4510	4563	4261
30≤机组＜60	3875	4010	4235	4133	3978
20≤机组＜30	3766	3861	4005	4009	3972
10≤机组＜20	3759	3609	3828	3305	3389
0.6≤机组＜10	4841	4575	4325	4431	4128

注：本表基于中国华能集团有限公司、中国大唐集团有限公司、中国华电集团有限公司、国家能源投资集团有限责任公司、国家电力投资集团有限公司、国投电力控股股份有限公司、中国核工业集团有限公司、中国长江三峡集团有限公司、华润电力控股有限公司、黄河万家寨水利枢纽有限公司、新力能源开发有限公司、北京能源集团有限责任公司、河北建设投资集团有限责任公司、晋能控股山西电力股份有限公司、申能股份有限公司、江苏省国信资产管理集团有限公司、浙江省能源集团有限公司、安徽省皖能股份有限公司、江西省投资集团有限公司、广东省能源集团有限公司、中国广核集团有限公司、广州发展集团股份有限公司、深圳能源集团股份有限公司、甘肃电力投资集团有限责任公司、中铝宁夏能源集团有限公司等公司报送数据汇总得出。

2-81 主要发电企业火电机组分容量等级厂用电率情况

单位：%

地 区	2016年	2017年	2018年	2019年	2020年
合 计	**5.46**	**5.43**	**5.37**	**5.32**	**5.27**
机组⩾100	3.98	3.93	3.91	4.05	3.90
60⩽机组＜100	5.24	5.25	5.30	5.24	5.14
30⩽机组＜60	5.67	5.73	5.70	5.62	5.66
20⩽机组＜30	7.65	7.50	7.31	7.47	7.38
10⩽机组＜20	7.80	7.43	6.83	6.90	6.77
0.6⩽机组＜10	8.88	8.82	7.29	6.51	7.40

注：本表基于中国华能集团有限公司、中国大唐集团有限公司、中国华电集团有限公司、国家能源投资集团有限责任公司、国家电力投资集团有限公司、国投电力控股股份有限公司、中国核工业集团有限公司、中国长江三峡集团有限公司、华润电力控股有限公司、黄河万家寨水利枢纽有限公司、新力能源开发有限公司、北京能源集团有限责任公司、河北建设投资集团有限责任公司、晋能控股山西电力股份有限公司、申能股份有限公司、江苏省国信资产管理集团有限公司、浙江省能源集团有限公司、安徽省皖能股份有限公司、江西省投资集团有限公司、广东省能源集团有限公司、中国广核集团有限公司、广州发展集团股份有限公司、深圳能源集团股份有限公司、甘肃电力投资集团有限责任公司、中铝宁夏能源集团有限公司等公司报送数据汇总得出。

2-82 主要发电企业火电机组分容量等级发电标准煤耗情况

单位：克/千瓦时

地 区	2016年	2017年	2018年	2019年	2020年
合 计	**289.0**	**287.7**	**285.5**	**285.4**	**282.9**
机组≥100	274.2	273.6	273.0	273.8	273.2
60≤机组<100	290.4	289.4	288.3	290.9	286.8
30≤机组<60	290.8	289.5	287.2	285.3	283.2
20≤机组<30	295.5	289.6	286.4	284.2	281.7
10≤机组<20	297.9	296.2	288.4	273.4	275.4
0.6≤机组<10	317.8	331.2	289.9	276.2	291.1

注：本表基于中国华能集团有限公司、中国大唐集团有限公司、中国华电集团有限公司、国家能源投资集团有限责任公司、国家电力投资集团有限公司、国投电力控股股份有限公司、中国核工业集团有限公司、中国长江三峡集团有限公司、华润电力控股有限公司、黄河万家寨水利枢纽有限公司、新力能源开发有限公司、北京能源集团有限责任公司、河北建设投资集团有限责任公司、晋能控股山西电力股份有限公司、申能股份有限公司、江苏省国信资产管理集团有限公司、浙江省能源集团有限公司、安徽省皖能股份有限公司、江西省投资集团有限公司、广东省能源集团有限公司、中国广核集团有限公司、广州发展集团股份有限公司、深圳能源集团股份有限公司、甘肃电力投资集团有限责任公司、中铝宁夏能源集团有限公司等公司报送数据汇总得出。

2-83 主要发电企业火电机组分容量等级供电标准煤耗情况

单位：克/千瓦时

地　区	2016年	2017年	2018年	2019年	2020年
合　计	**305.6**	**303.9**	**301.8**	**300.1**	**298.4**
机组≥100	285.5	284.7	284.1	285.3	284.2
60≤机组<100	306.4	305.4	304.8	303.5	302.3
30≤机组<60	308.2	306.6	304.4	302.3	299.8
20≤机组<30	319.8	312.8	308.8	306.6	303.8
10≤机组<20	322.8	319.9	310.1	292.9	294.7
0.6≤机组<10	349.2	362.6	312.5	306.6	313.3

注：本表基于中国华能集团有限公司、中国大唐集团有限公司、中国华电集团有限公司、国家能源投资集团有限责任公司、国家电力投资集团有限公司、国投电力控股股份有限公司、中国核工业集团有限公司、中国长江三峡集团有限公司、华润电力控股有限公司、黄河万家寨水利枢纽有限公司、新力能源开发有限公司、北京能源集团有限责任公司、河北建设投资集团有限责任公司、晋能控股山西电力股份有限公司、申能股份有限公司、江苏省国信资产管理集团有限公司、浙江省能源集团有限公司、安徽省皖能股份有限公司、江西省投资集团有限公司、广东省能源集团有限公司、中国广核集团有限公司、广州发展集团股份有限公司、深圳能源集团股份有限公司、甘肃电力投资集团有限责任公司、中铝宁夏能源集团有限公司等公司报送数据汇总得出。

主要统计指标解释

1.**水力发电**：是指利用水的流量和落差（势能）生产电能，简称水电。抽水蓄能发电是水力发电的一种特殊形式，抽水蓄能电厂分上下水库，在电网低谷时段将下库的水抽至上库，将多余的电能转换为水能储蓄起来；在电网高峰时段，上库的水通过水轮机放至下库发电，使储蓄的水能重新转换为电能。

2.**火力发电**：是指利用煤、石油（石油焦、重油等）、天然气、生物质等固体、液体、气体燃料燃烧时产生的热能，通过蒸汽轮机（燃气轮机）做功转换成机械能并带动发电机装置转换成电能的一种发电方式，简称火电：

（1）燃煤发电 主要包括原煤发电和煤矸石发电。

（2）燃油发电，主要包括渣油（重油）发电和柴（汽）油发电。

（3）燃气发电，包括天然气发电、煤层气发电等。

（4）余热、余压、余气发电，主要包括余热发电、余压发电、余气发电。

（5）生物质发电是将生物质能转换为电能的发电方式。包括农林废弃物直接燃烧发电、农林废弃物气化发电、垃圾焚烧发电、沼气发电（包括农林废弃物气化发电以及垃圾填埋气发电等，也属于燃气发电）。

（6）农林废弃物直接燃烧发电是指将秸秆、蔗渣、林木质等农林废弃物打包处理后进行高温焚烧，产生热能通过火电动力装置转换成电能的发电方式。

（7）垃圾焚烧发电是指把经过分类处理后燃烧值较高的垃圾进行高温焚烧，产生热能通过火电动力装置转换成电能的发电方式。

（8）沼气发电是指利用厌氧发酵处理产生的沼气进行发电的发电方式。包括农林废弃物气化发电以及垃圾填埋气发电等。

3.**核能发电**：是指利用反应堆内原子核裂变过程中释放出来的热能生产电能，简称核电。

4.**风力发电**：是指利用空气流动的动能（风能）生产电能，简称风电。风电场按其所处位置可以分为二种类型，即陆上风电和海上风电。

5.**太阳能发电**：是指利用太阳光能或太阳热能生产电能。目前太阳能发电主要有光伏发电和光热发电两种方式：

（1）光伏发电是将太阳光辐射能通过光伏效应直接转换为电能。

（2）光热发电是利用大规模阵列抛物或蝶形镜面收集太阳热能，通过换热装置提供蒸汽，将太阳光能转化为电能。

6.**分布式发电**：指在用户所在场地或附近建设安装、运行方式以用户端自发自用为主、多余电量上网，且在配电网系统平衡调节为特征的发电设施或有电力输出的能量综合梯级利用多联供设施。《国家发展改革委关于印发〈分布式发电管理暂行办法〉的通知》（发改能源〔2013〕1381号）所指分布式发电适用于以下方式：

（1）总装机容量5万千瓦及以下的小水电站；

（2）以各个电压等级接入配电网的风能、太阳能、生物质能、海洋能、地热能等新能源发电；

（3）除煤炭直接燃烧以外的各种废弃物发电，多种能源互补发电，余热余压余气发电、煤矿瓦斯发电等资源综合利用发电；

（4）总装机容量5万千瓦及以下的煤层气发电；

（5）综合能源利用效率高于70%且电力就地消纳的天然气热电冷联供等。

（6）分布式储能设施，以及新能源微电网、终端一体化集成供能、区域能源网络（能源互联网）等能源综合利用系统。

7.发电（供热）耗用原煤量：指在发电（供热）生产过程中发电（供热）消耗的燃料，不包括下列耗用量（或用汽、热水折算的燃料量）：

（1）新设备或大修后设备的烘炉、煮炉、暖机、空载运行的电力和燃料的消耗量；

（2）新设备在未移交生产前的带负荷试运行期间，耗用的电量和燃料；

（3）计划大修以及基建、更改工程施工用的电力和燃料；

（4）发电机作调相运行时耗用的电力和燃料；

（5）自备机车、船舶等耗用的电力和燃料；

（6）升、降压变压器（不包括厂用电变压器）、变波机、调相机等消耗的电力；

（7）修配车间、车库、副业、综合利用、集体企业、外供及非生产用（食堂、宿舍、幼儿园、学校、医院、服务公司和办公室等）的电力和燃料。

3

供用电

3-1 分地区全社会用电量

单位：亿千瓦时

地 区	2016年	2017年	2018年	2019年	2020年
全 国	**59747**	**63625**	**69002**	**72486**	**75214**
北 京	1020	1067	1142	1166	1140
天 津	808	806	861	878	875
河 北	3265	3442	3666	3856	3934
山 西	1797	1991	2161	2262	2342
内蒙古	2605	2892	3353	3653	3900
辽 宁	2037	2135	2302	2401	2423
吉 林	668	703	751	780	805
黑龙江	897	929	974	996	1014
上 海	1486	1527	1567	1569	1576
江 苏	5459	5808	6128	6264	6374
浙 江	3873	4193	4533	4706	4830
安 徽	1795	1921	2135	2301	2428
福 建	1969	2113	2314	2402	2483
江 西	1183	1294	1429	1536	1627
山 东	5391	5430	5917	6219	6940
河 南	2989	3166	3418	3364	3392
湖 北	1763	1869	2071	2214	2144
湖 南	1496	1582	1745	1864	1929
广 东	5610	5959	6323	6696	6926
广 西	1360	1445	1703	1907	2029
海 南	287	305	327	355	363
重 庆	925	997	1119	1160	1186
四 川	2101	2205	2459	2636	2865
贵 州	1242	1385	1482	1541	1586
云 南	1411	1538	1679	1812	2025
西 藏	49	58	69	78	82
陕 西	1357	1495	1594	1912	1741
甘 肃	1065	1164	1290	1288	1376
青 海	638	687	738	716	742
宁 夏	887	978	1065	1084	1038
新 疆	2316	2543	2686	2868	3099

3-2 分地区全社会用电增速

单位：%

地　区	2016年	2017年	2018年	2019年	2020年
全　国	**4.94**	**6.56**	**8.43**	**4.44**	**3.24**
北　京	7.09	4.57	7.08	2.10	-2.27
天　津	0.92	5.54	6.93	2.72	-0.44
河　北	2.80	5.43	6.51	5.19	2.02
山　西	3.45	10.76	8.54	4.69	3.53
内蒙古	2.44	11.01	15.52	8.93	6.77
辽　宁	2.65	4.81	7.81	4.30	0.91
吉　林	2.40	5.30	6.77	3.97	3.21
黑龙江	3.18	3.56	4.88	2.23	1.89
上　海	5.73	2.74	2.61	0.12	0.47
江　苏	6.73	6.39	5.52	2.22	1.75
浙　江	8.98	8.25	8.11	3.83	2.63
安　徽	9.46	7.05	11.12	7.76	5.51
福　建	6.30	7.32	9.52	3.83	3.36
江　西	8.76	9.43	10.42	7.48	5.93
山　东	5.35	0.73	8.96	2.22	1.83
河　南	3.80	5.92	7.94	-1.57	0.82
湖　北	5.88	6.01	10.83	6.90	-3.17
湖　南	3.32	5.74	10.35	6.82	3.48
广　东	5.64	6.22	6.11	5.89	3.44
广　西	1.90	6.27	17.86	12.00	6.37
海　南	5.49	6.14	7.17	8.59	2.17
重　庆	5.66	7.75	12.27	3.71	2.26
四　川	5.45	4.96	11.53	7.17	8.70
贵　州	5.76	11.52	7.02	3.95	2.95
云　南	-1.95	9.05	9.17	7.93	11.75
西　藏	21.43	18.22	18.61	12.43	6.26
陕　西	11.08	9.53	6.65	4.17	3.45
甘　肃	-3.06	9.31	10.75	-0.11	6.80
青　海	-3.11	7.76	7.47	-2.96	3.57
宁　夏	0.98	10.30	8.85	1.79	-4.22
新　疆	7.23	9.77	5.65	6.74	8.07

3-3 全国分行业用户个数

单位：个

行 业	2020年	2019年
全社会用电总计	**645737824**	**603454307**
A. 全行业用电合计	74473862	66953960
第一产业	8550684	7096589
第二产业	13880701	13205210
第三产业	51937855	46652161
B. 城乡居民生活用电合计	571263962	536500347
城镇居民	257119959	238519962
乡村居民	314144003	297980385
全行业用电分类	**74473862**	**66953959**
一、农、林、牧、渔业	**14291011**	**12685482**
1. 农业	5528092	4749912
2. 林业	118120	108464
3. 畜牧业	1824731	1523375
4. 渔业	686967	641266
5. 农、林、牧、渔专业及辅助性活动	6133101	5662465
其中：排灌	5202186	4808349
二、工业	**12048703**	**11587343**
(一) 采矿业	289846	287413
1. 煤炭开采和洗选业	46038	43507
2. 石油和天然气开采业	17867	14147
3. 黑色金属矿采选业	26162	26613
4. 有色金属矿采选业	28948	29419
5. 非金属矿采选业	104085	102821
6. 其他采矿活动	66746	70906
(二) 制造业	10800139	10530121
1. 农副食品加工业	3376353	3220009
2. 食品制造业	376469	352270

3-3 续表 1

单位：个

行　　业	2020年	2019年
3. 酒、饮料及精制茶制造业	245978	229021
4. 烟草制品业	99064	110432
5. 纺织业	602621	589437
6. 纺织服装、服饰业	373179	362177
7. 皮革、毛皮、羽毛及其制品和制鞋业	184891	180326
8. 木材加工和木、竹、藤、棕、草制品业	645372	624499
9. 家具制造业	207954	197765
10. 造纸和纸制品业	110086	106058
11. 印刷和记录媒介复制业	79116	77266
12. 文教、工美、体育和娱乐用品制造业	169028	167621
其中：体育用品制造	9048	8576
13. 石油、煤炭及其他燃料加工业	28661	38620
其中：煤化工	5909	9480
14. 化学原料和化学制品制造业	101821	123112
其中：氯碱	1120	2428
电石	489	586
黄磷	345	447
肥料制造	11774	13359
15. 医药制造业	47509	54271
其中：中成药生产	7370	6356
生物药品制品制造	5017	4449
16. 化学纤维制造业	20673	19908
17. 橡胶和塑料制品业	511985	491622
其中：橡胶制品业	87664	88780
塑料制品业	422064	402786
18. 非金属矿物制品业	466261	594915
其中：水泥制造	30596	32410

3-3 续表 2 单位：个

行 业	2020年	2019年
玻璃制造	8395	13353
陶瓷制品制造	49617	69201
碳化硅	1694	1576
19．黑色金属冶炼和压延加工业	18333	20629
其中：钢铁	13721	15028
铁合金冶炼	3778	4595
20．有色金属冶炼和压延加工业	41498	64066
其中：铝冶炼	1078	1278
铅锌冶炼	560	618
稀有稀土金属冶炼	789	693
21．金属制品业	1224535	1173714
其中：结构性金属制品制造	288492	273286
22．通用设备制造业	415248	400550
其中：风能原动设备制造	508	284
23．专用设备制造业	96684	93975
其中：医疗仪器设备及器械制造	7587	7085
24．汽车制造业	36427	30457
其中：新能源车整车制造	537	392
25．铁路、船舶、航空航天和其他运输设备制造业	51578	47785
其中：铁路运输设备制造	3309	3682
城市轨道交通设备制造	808	653
航空、航天器及设备制造	1107	880
26．电气机械和器材制造业	134911	129801
其中：光伏设备及元器件制造	1293	989
27．计算机、通信和其他电子设备制造业	95883	89420
其中：计算机制造	1113	1129
通信设备制造	15812	14197

3-3 续表 3

单位：个

行　　业	2020年	2019年
28. 仪器仪表制造业	20739	20602
29. 其他制造业	754760	693757
30. 废弃资源综合利用业	108423	99506
31. 金属制品、机械和设备修理业	154040	126503
（三）电力、热力、燃气及水生产和供应业	958718	769809
1. 电力、热力生产和供应业	522958	386803
其中：电厂生产全部耗用电量	111180	92414
线路损失电量	37120	4921
抽水蓄能抽水耗用电量	5926	6220
2. 燃气生产和供应业	52429	54357
3. 水的生产和供应业	383331	328649
三、建筑业	**1971546**	**1740563**
1. 房屋建筑业	1037867	929681
2. 土木工程建筑业	203666	174060
3. 建筑安装业	218864	184822
4. 建筑装饰、装修和其他建筑业	511149	452000
四、交通运输、仓储和邮政业	**750423**	**626127**
1. 铁路运输业	66344	23979
其中：电气化铁路	44415	3780
2. 道路运输业	150315	128084
其中：城市公共交通运输	42370	33472
3. 水上运输业	5507	5327
其中：港口岸电	518	407
4. 航空运输业	2237	2178
5. 管道运输业	5482	5410
6. 多式联运和运输代理业	13578	13617
7. 装卸搬运和仓储业	458609	402151
8. 邮政业	48351	45381

3-3 续表 4 单位：个

行　　业	2020年	2019年
五、信息传输、软件和信息技术服务业	**5110428**	**4437794**
1．电信、广播电视和卫星传输服务	3467935	3020200
2．互联网和相关服务	1485346	1301592
其中：互联网数据服务	32380	18194
3．软件和信息技术服务业	157147	116002
六、批发和零售业	**21122307**	**18872658**
其中：充换电服务业	490287	171223
七、住宿和餐饮业	**2818615**	**2478421**
八、金融业	**293215**	**272203**
九、房地产业	**3701321**	**3347338**
十、租赁和商务服务业	**1285634**	**1129416**
其中：租赁业	169941	130691
十一、公共服务及管理组织	**11080659**	**9776615**
1．科学研究和技术服务业	121672	106737
其中：地质勘查	7207	6652
其中：科技推广和应用服务业	19776	15103
2．水利、环境和公共设施管理业	3505757	3019265
其中：水利管理业	196551	158847
其中：公共照明	2305365	2021329
3．居民服务、修理和其他服务业	3830955	3416749
4．教育、文化、体育和娱乐业	1247650	1156661
其中：教育	777714	733956
5．卫生和社会工作	414773	367183
6．公共管理和社会组织、国际组织	1959852	1710020

3-4 全国分行业用电装接容量

单位：千瓦

行　　业	2020年	2019年
全社会用电总计	**9518303023**	**7958395641**
A. 全行业用电合计	5785415693	4800029446
第一产业	164743353	124263331
第二产业	3501346869	2806282312
第三产业	2119325471	1869483803
B. 城乡居民生活用电合计	3732887329	3158366195
城镇居民	1888429221	1652238856
乡村居民	1844458108	1506127339
全行业用电分类	**5785415693**	**4800027946**
一、农、林、牧、渔业	**260742109**	**210880171**
1. 农业	103683128	80632260
2. 林业	4010372	3652701
3. 畜牧业	36046712	26009766
4. 渔业	14234163	12532008
5. 农、林、牧、渔专业及辅助性活动	102767735	88053436
其中：排灌	84744975	73132765
二、工业	**3272596718**	**2614490808**
（一）采矿业	206330890	159168836
1. 煤炭开采和洗选业	91616965	69273446
2. 石油和天然气开采业	36293631	18774307
3. 黑色金属矿采选业	18074509	16657677
4. 有色金属矿采选业	16377316	15581191
5. 非金属矿采选业	24401163	21346000
6. 其他采矿活动	19567308	17536215
（二）制造业	2030143183	1657271998
1. 农副食品加工业	82314479	71562577
2. 食品制造业	28267992	24612393

3-4 续表 1

单位：千瓦

行　　业	2020年	2019年
3. 酒、饮料及精制茶制造业	14440291	12400084
4. 烟草制品业	4258798	4233000
5. 纺织业	62518809	57946668
6. 纺织服装、服饰业	21455104	20822968
7. 皮革、毛皮、羽毛及其制品和制鞋业	14814550	14576254
8. 木材加工和木、竹、藤、棕、草制品业	29692078	26970245
9. 家具制造业	13994353	12068733
10. 造纸和纸制品业	29101533	24064483
11. 印刷和记录媒介复制业	8963337	8191049
12. 文教、工美、体育和娱乐用品制造业	10432574	10327078
其中：体育用品制造	1338934	1222646
13. 石油、煤炭及其他燃料加工业	88875666	54954605
其中：煤化工	42555589	16383333
14. 化学原料和化学制品制造业	164714755	140866926
其中：氯碱	14689835	13003686
电石	23489575	21310742
黄磷	8118780	4324333
肥料制造	24757179	20938796
15. 医药制造业	27295618	28075643
其中：中成药生产	3562978	2789842
生物药品制品制造	5397810	4384932
16. 化学纤维制造业	16193753	14961294
17. 橡胶和塑料制品业	84410549	68941804
其中：橡胶制品业	21498235	20823316
塑料制品业	62297526	48042683
18. 非金属矿物制品业	183626902	165861406
其中：水泥制造	47043389	43068823

3-4 续表 2

单位：千瓦

行　　业	2020年	2019年
玻璃制造	7921573	7510420
陶瓷制品制造	16993298	23412502
碳化硅	3588635	2764021
19. 黑色金属冶炼和压延加工业	200460780	176112876
其中：钢铁	156164329	139627554
铁合金冶炼	37561814	33118977
20. 有色金属冶炼和压延加工业	325354258	141394962
其中：铝冶炼	267346678	87486718
铅锌冶炼	5842802	7636876
稀有稀土金属冶炼	4008142	1603383
21. 金属制品业	136316101	132254838
其中：结构性金属制品制造	33719573	31608032
22. 通用设备制造业	167427257	160756210
其中：风能原动设备制造	351104	246719
23. 专用设备制造业	26848514	24060824
其中：医疗仪器设备及器械制造	2211755	1723659
24. 汽车制造业	43137124	35356952
其中：新能源车整车制造	1710187	1092989
25. 铁路、船舶、航空航天和其他运输设备制造业	25967801	27543584
其中：铁路运输设备制造	3307784	3737389
城市轨道交通设备制造	1208862	1319834
航空、航天器及设备制造	2992335	4679531
26. 电气机械和器材制造业	55152214	49411504
其中：光伏设备及元器件制造	3842417	1101415
27. 计算机、通信和其他电子设备制造业	87705105	73110211
其中：计算机制造	2493872	2204682
通信设备制造	7204688	6710420

3-4 续表 3 单位：千瓦

行 业	2020年	2019年
28．仪器仪表制造业	4761504	4353369
29．其他制造业	51110042	50480785
30．废弃资源综合利用业	12039373	9843761
31．金属制品、机械和设备修理业	8491798	11158701
（三）电力、热力、燃气及水生产和供应业	1036122645	798049974
1．电力、热力生产和供应业	970397576	741440033
其中：电厂生产全部耗用电量	352800259	294412989
线路损失电量	23978191	8126792
抽水蓄能抽水耗用电量	14563355	21693064
2．燃气生产和供应业	13541555	16105044
3．水的生产和供应业	52183513	40504896
三、建筑业	**236941357**	**202881391**
1．房屋建筑业	94030220	83567279
2．土木工程建筑业	60452849	48065313
3．建筑安装业	16590597	13333689
4．建筑装饰、装修和其他建筑业	65867691	57915110
四、交通运输、仓储和邮政业	**312164445**	**296125906**
1．铁路运输业	180130306	183273268
其中：电气化铁路	141354584	144342198
2．道路运输业	61270691	51155344
其中：城市公共交通运输	37347344	30806291
3．水上运输业	5985413	5443829
其中：港口岸电	808022	763465
4．航空运输业	8953790	7207163
5．管道运输业	7584851	5131183
6．多式联运和运输代理业	3985178	3916160
7．装卸搬运和仓储业	41571136	37391563
8．邮政业	2683079	2607396

3-4 续表 4

单位：千瓦

行　　业	2020年	2019年
五、信息传输、软件和信息技术服务业	**100677779**	**78160414**
1. 电信、广播电视和卫星传输服务	47440771	40625391
2. 互联网和相关服务	34420722	23482365
其中：互联网数据服务	12310468	5621812
3. 软件和信息技术服务业	18816287	14052658
六、批发和零售业	**382392019**	**333282028**
其中：充换电服务业	24807583	10168183
七、住宿和餐饮业	**114229842**	**100373854**
八、金融业	**26614338**	**24502590**
九、房地产业	**347957173**	**315532606**
十、租赁和商务服务业	**112005566**	**89527156**
其中：租赁业	7755255	4763377
十一、公共服务及管理组织	**619094346**	**534272524**
1. 科学研究和技术服务业	32886870	31249466
其中：地质勘查	762785	602025
其中：科技推广和应用服务业	4714539	5180364
2. 水利、环境和公共设施管理业	129770614	111868655
其中：水利管理业	19975759	18008849
其中：公共照明	67355652	57851147
3. 居民服务、修理和其他服务业	81774102	71393878
4. 教育、文化、体育和娱乐业	192473447	167051771
其中：教育	150137546	129826557
5. 卫生和社会工作	67964011	55172834
6. 公共管理和社会组织、国际组织	114225303	97535920

3-5　全国分行业用电量

单位：万千瓦时

行　　业	2020年	2019年
全社会用电总计	**752143913**	**728523511**
A. 全行业用电合计	642683076	626074120
第一产业	8585867	7794864
第二产业	513183045	499628327
第三产业	120914163	118650930
B. 城乡居民生活用电合计	109460838	102449391
城镇居民	61572102	58353126
乡村居民	47888736	44096265
全行业用电分类	**642683076**	**626074120**
一、农、林、牧、渔业	**14221073**	**13366310**
1. 农业	4321439	4087665
2. 林业	185662	202329
3. 畜牧业	2397524	1963184
4. 渔业	1681243	1541686
5. 农、林、牧、渔专业及辅助性活动	5635206	5571447
其中：排灌	4656411	4720328
二、工业	**503980556**	**490732046**
（一）采矿业	25364489	26024739
1. 煤炭开采和洗选业	9088095	9091016
2. 石油和天然气开采业	4633245	4341882
3. 黑色金属矿采选业	4474405	4152598
4. 有色金属矿采选业	3294696	3844293
5. 非金属矿采选业	2256995	2556208
6. 其他采矿活动	1617055	2038741
（二）制造业	379865231	368260163
1. 农副食品加工业	6938324	6671125
2. 食品制造业	4111613	3812993

3-5 续表 1　　　　单位：万千瓦时

行　　业	2020年	2019年
3．酒、饮料及精制茶制造业	1492650	1471534
4．烟草制品业	371766	386722
5．纺织业	15461442	16621764
6．纺织服装、服饰业	3262436	3447162
7．皮革、毛皮、羽毛及其制品和制鞋业	2000444	2228578
8．木材加工和木、竹、藤、棕、草制品业	3560435	3562296
9．家具制造业	1699242	1623462
10．造纸和纸制品业	7982513	7901291
11．印刷和记录媒介复制业	1325307	1311187
12．文教、工美、体育和娱乐用品制造业	1540847	1626476
其中：体育用品制造	220033	205007
13．石油、煤炭及其他燃料加工业	13578280	12895255
其中：煤化工	4025912	3390984
14．化学原料和化学制品制造业	47839282	46712891
其中：氯碱	5591446	6496307
电石	8972083	8160215
黄磷	1218996	1012329
肥料制造	7231773	7358909
15．医药制造业	4304539	4096685
其中：中成药生产	397856	381445
生物药品制品制造	875823	869406
16．化学纤维制造业	4068015	4115133
17．橡胶和塑料制品业	14807648	14372926
其中：橡胶制品业	3924924	3938649
塑料制品业	10874229	10424635
18．非金属矿物制品业	39295293	37886328
其中：水泥制造	15195343	14891388

3-5 续表 2

单位：万千瓦时

行 业	2020年	2019年
玻璃制造	1643430	1689538
陶瓷制品制造	3712573	3741538
碳化硅	1535343	1312511
19. 黑色金属冶炼和压延加工业	59499543	57307229
其中：钢铁	42068146	39927741
铁合金冶炼	16443819	16493604
20. 有色金属冶炼和压延加工业	66426004	62954351
其中：铝冶炼	52668985	47963120
铅锌冶炼	1840725	1688188
稀有稀土金属冶炼	808843	693263
21. 金属制品业	21750266	23497611
其中：结构性金属制品制造	5116553	5479656
22. 通用设备制造业	9810091	9199739
其中：风能原动设备制造	49736	28151
23. 专用设备制造业	3879522	3896288
其中：医疗仪器设备及器械制造	308601	265207
24. 汽车制造业	5685171	4954180
其中：新能源车整车制造	122830	110101
25. 铁路、船舶、航空航天和其他运输设备制造业	3266488	3397489
其中：铁路运输设备制造	312545	348562
城市轨道交通设备制造	100064	121278
航空、航天器及设备制造	302728	282308
26. 电气机械和器材制造业	9191269	8390107
其中：光伏设备及元器件制造	528724	225259
27. 计算机、通信和其他电子设备制造业	18250708	15731647
其中：计算机制造	563950	547686
通信设备制造	1215128	1173505

3-5 续表 3

单位：万千瓦时

行　　业	2020年	2019年
28．仪器仪表制造业	782265	754864
29．其他制造业	5526412	5322335
30．废弃资源综合利用业	1248874	1096765
31．金属制品、机械和设备修理业	908547	1013749
（三）电力、热力、燃气及水生产和供应业	98750835	96447144
1．电力、热力生产和供应业	90605104	88625705
其中：电厂生产全部耗用电量	48597426	47350190
线路损失电量	32334838	33021593
抽水蓄能抽水耗用电量	3759610	3678598
2．燃气生产和供应业	1695270	1863444
3．水的生产和供应业	6450462	5957994
三、建筑业	**10111036**	**9910029**
1．房屋建筑业	3975911	3894843
2．土木工程建筑业	2593587	2205003
3．建筑安装业	748173	728915
4．建筑装饰、装修和其他建筑业	2793364	3081268
四、交通运输、仓储和邮政业	**17509831**	**17524928**
1．铁路运输业	9023620	9571984
其中：电气化铁路	6912570	7210176
2．道路运输业	3715472	3558455
其中：城市公共交通运输	2320777	2305889
3．水上运输业	452607	446557
其中：港口岸电	42257	45397
4．航空运输业	543316	562476
5．管道运输业	664769	587810
6．多式联运和运输代理业	319625	363445
7．装卸搬运和仓储业	2524153	2179604
8．邮政业	266269	254597

3-5 续表 4

单位：万千瓦时

行　　业	2020年	2019年
五、信息传输、软件和信息技术服务业	**11408772**	**9234974**
1. 电信、广播电视和卫星传输服务	4923650	4484204
2. 互联网和相关服务	4082818	3137644
其中：互联网数据服务	1684334	1034912
3. 软件和信息技术服务业	2402304	1613127
六、批发和零售业	**23989140**	**23679694**
其中：充换电服务业	1174863	683145
七、住宿和餐饮业	**7701213**	**8216748**
八、金融业	**1849644**	**1869907**
九、房地产业	**13342586**	**13293793**
十、租赁和商务服务业	**5714410**	**5534400**
其中：租赁业	406362	351636
十一、公共服务及管理组织	**32854813**	**32711290**
1. 科学研究和技术服务业	1939956	1878898
其中：地质勘查	45771	47486
其中：科技推广和应用服务业	287833	268671
2. 水利、环境和公共设施管理业	6273737	6048075
其中：水利管理业	971287	991366
其中：公共照明	3190598	2998555
3. 居民服务、修理和其他服务业	4024643	4185768
4. 教育、文化、体育和娱乐业	8547310	9233818
其中：教育	6861136	7362506
5. 卫生和社会工作	5279778	4890414
6. 公共管理和社会组织、国际组织	6789390	6474317

3-6 全国分行业用电增速

单位：%

行　　业	2020年	2019年
全社会用电总计	**3.24**	**4.44**
A. 全行业用电合计	2.65	4.23
第一产业	10.15	4.42
第二产业	2.71	3.06
第三产业	1.91	9.44
B. 城乡居民生活用电合计	6.84	5.70
城镇居民	5.52	5.52
乡村居民	8.60	5.96
全行业用电分类	**2.65**	**4.23**
一、农、林、牧、渔业	**6.39**	**7.47**
1. 农业	5.72	2.98
2. 林业	-8.24	0.58
3. 畜牧业	22.12	4.95
4. 渔业	9.05	8.27
5. 农、林、牧、渔专业及辅助性活动	1.14	12.06
其中：排灌	-1.35	14.09
二、工业	**2.70**	**2.88**
（一）采矿业	-2.54	1.75
1. 煤炭开采和洗选业	-0.03	-0.93
2. 石油和天然气开采业	6.71	3.78
3. 黑色金属矿采选业	7.75	7.11
4. 有色金属矿采选业	-14.30	-0.79
5. 非金属矿采选业	-11.71	1.87
6. 其他采矿活动	-20.68	5.64
（二）制造业	3.15	2.89
1. 农副食品加工业	4.01	4.40
2. 食品制造业	7.83	8.85

3-6 续表 1 单位：%

行　　业	2020年	2019年
3. 酒、饮料及精制茶制造业	1.43	2.56
4. 烟草制品业	-3.87	0.19
5. 纺织业	-6.98	0.67
6. 纺织服装、服饰业	-5.36	-0.68
7. 皮革、毛皮、羽毛及其制品和制鞋业	-10.24	-0.54
8. 木材加工和木、竹、藤、棕、草制品业	-0.05	3.51
9. 家具制造业	4.67	5.99
10. 造纸和纸制品业	1.03	2.20
11. 印刷和记录媒介复制业	1.08	3.58
12. 文教、工美、体育和娱乐用品制造业	-5.26	1.53
其中：体育用品制造	7.33	8.41
13. 石油、煤炭及其他燃料加工业	5.30	7.58
其中：煤化工	18.72	19.61
14. 化学原料和化学制品制造业	2.41	-0.96
其中：氯碱	-13.93	4.55
电石	9.95	-7.88
黄磷	20.42	-20.80
肥料制造	-1.73	-2.19
15. 医药制造业	5.07	5.55
其中：中成药生产	4.30	3.09
生物药品制品制造	0.74	8.36
16. 化学纤维制造业	-1.14	3.99
17. 橡胶和塑料制品业	3.02	3.51
其中：橡胶制品业	-0.35	1.64
塑料制品业	4.31	4.22
18. 非金属矿物制品业	3.72	7.09
其中：水泥制造	2.04	7.22

3-6 续表 2

单位：%

行业	2020年	2019年
玻璃制造	-2.73	20.06
陶瓷制品制造	-0.77	-2.54
碳化硅	16.98	107.24
19. 黑色金属冶炼和压延加工业	3.83	4.57
其中：钢铁	5.36	4.22
铁合金冶炼	-0.30	4.91
20. 有色金属冶炼和压延加工业	5.51	-0.92
其中：铝冶炼	9.81	-2.42
铅锌冶炼	9.04	4.72
稀有稀土金属冶炼	16.67	21.86
21. 金属制品业	-7.44	3.06
其中：结构性金属制品制造	-6.63	5.44
22. 通用设备制造业	6.63	1.40
其中：风能原动设备制造	76.68	24.04
23. 专用设备制造业	-0.43	10.78
其中：医疗仪器设备及器械制造	16.36	4.88
24. 汽车制造业	14.76	2.51
其中：新能源车整车制造	11.56	6.72
25. 铁路、船舶、航空航天和其他运输设备制造业	-3.86	-0.39
其中：铁路运输设备制造	-10.33	7.61
城市轨道交通设备制造	-17.49	8.55
航空、航天器及设备制造	7.23	4.53
26. 电气机械和器材制造业	9.55	7.14
其中：光伏设备及元器件制造	134.72	29.12
27. 计算机、通信和其他电子设备制造业	16.01	6.62
其中：计算机制造	2.97	7.28
通信设备制造	3.55	2.51

3-6 续表 3 单位：%

行业	2020年	2019年
28. 仪器仪表制造业	3.63	-10.60
29. 其他制造业	3.83	11.44
30. 废弃资源综合利用业	13.87	13.69
31. 金属制品、机械和设备修理业	-10.38	-6.43
（三）电力、热力、燃气及水生产和供应业	2.39	3.17
1. 电力、热力生产和供应业	2.23	2.45
其中：电厂生产全部耗用电量	2.63	5.22
线路损失电量	-2.08	-0.44
抽水蓄能抽水耗用电量	2.20	-5.99
2. 燃气生产和供应业	-9.02	7.00
3. 水的生产和供应业	8.27	13.75
三、建筑业	**2.03**	**11.58**
1. 房屋建筑业	2.08	9.31
2. 土木工程建筑业	17.62	26.09
3. 建筑安装业	2.64	13.68
4. 建筑装饰、装修和其他建筑业	-9.34	5.21
四、交通运输、仓储和邮政业	**-0.09**	**8.95**
1. 铁路运输业	-5.73	7.03
其中：电气化铁路	-4.13	7.58
2. 道路运输业	4.41	16.10
其中：城市公共交通运输	0.65	17.68
3. 水上运输业	1.35	5.66
其中：港口岸电	-6.91	76.15
4. 航空运输业	-3.41	10.27
5. 管道运输业	13.09	3.20
6. 多式联运和运输代理业	-12.06	3.08
7. 装卸搬运和仓储业	15.81	10.54
8. 邮政业	4.58	1.86

3-6 续表 4

单位：%

行 业	2020年	2019年
五、信息传输、软件和信息技术服务业	**23.54**	**13.85**
1. 电信、广播电视和卫星传输服务	9.80	7.52
2. 互联网和相关服务	30.12	9.26
其中：互联网数据服务	62.75	36.45
3. 软件和信息技术服务业	48.92	50.93
六、批发和零售业	**1.31**	**10.56**
其中：充换电服务业	71.98	127.59
七、住宿和餐饮业	**-6.27**	**6.64**
八、金融业	**-1.08**	**2.97**
九、房地产业	**0.37**	**11.04**
十、租赁和商务服务业	**3.25**	**13.26**
其中：租赁业	15.56	22.22
十一、公共服务及管理组织	**0.44**	**7.71**
1. 科学研究和技术服务业	3.25	2.50
其中：地质勘查	-3.61	4.58
其中：科技推广和应用服务业	7.13	-13.62
2. 水利、环境和公共设施管理业	3.73	9.08
其中：水利管理业	-2.03	10.66
其中：公共照明	6.40	6.83
3. 居民服务、修理和其他服务业	-3.85	5.20
4. 教育、文化、体育和娱乐业	-7.43	9.90
其中：教育	-6.81	10.57
5. 卫生和社会工作	7.96	8.85
6. 公共管理和社会组织、国际组织	4.87	5.81

3-7 分地区人均用电量

单位：千瓦时/人

地区	2016年	2017年	2018年	2019年	2020年
全 国	**4305.20**	**4556.97**	**4919.01**	**5149.06**	**5330.84**
北 京	4655.58	4861.66	5209.22	5323.58	5206.53
天 津	5606.73	5647.35	6168.56	6347.06	6310.16
河 北	4435.49	4656.04	4941.91	5185.31	5277.60
山 西	5110.71	5668.03	6162.37	6463.50	6701.19
内蒙古	10685.11	11878.71	13814.38	15104.47	16184.62
辽 宁	4702.61	4943.85	5352.50	5605.68	5678.07
吉 林	2577.71	2760.57	2996.28	3164.50	3317.82
黑龙江	2564.70	2706.41	2895.87	3025.31	3150.31
上 海	6034.60	6190.03	6341.47	6330.01	6344.44
江 苏	6539.23	6912.51	7265.72	7406.87	7523.26
浙 江	6424.80	6849.58	7285.74	7441.84	7527.69
安 徽	2980.71	3178.63	3519.44	3781.53	3981.15
福 建	4921.44	5228.85	5664.89	5830.21	5989.64
江 西	2633.34	2873.28	3166.60	3401.71	3601.15
山 东	5434.49	5428.53	5884.41	6162.33	6851.12
河 南	3069.10	3229.63	3470.96	3404.17	3419.55
湖 北	3004.87	3170.75	3504.66	3739.11	3664.64
湖 南	2259.29	2385.75	2630.76	2808.77	2904.66
广 东	4757.17	4955.69	5164.24	5391.84	5521.02
广 西	2812.68	2959.75	3456.54	3841.94	4059.67
海 南	3021.15	3161.75	3345.12	3590.24	3620.38
重 庆	2993.19	3186.92	3547.78	3653.82	3711.82
四 川	2554.90	2666.48	2961.46	3161.98	3427.68
贵 州	3326.50	3663.23	3887.53	4017.41	4117.51
云 南	3020.39	3283.04	3574.03	3848.92	4292.81
西 藏	1469.27	1689.08	1963.58	2170.51	2271.36
陕 西	3515.70	3843.53	4069.36	4856.75	4409.02
甘 肃	4224.28	4618.67	5120.20	5127.58	5490.71
青 海	11001.08	11763.95	12588.88	12174.45	12555.20
宁 夏	12863.10	13975.76	15050.85	15191.28	14449.48
新 疆	9625.83	10362.04	10745.94	11291.80	12048.65

3-8 分地区人均生活用电量

单位：千瓦时/人

地 区	2016年	2017年	2018年	2019年	2020年
全 国	**581.54**	**623.30**	**690.94**	**728.11**	**775.81**
北 京	891.77	993.61	1168.98	1148.32	1277.88
天 津	644.15	698.74	799.27	825.13	909.86
河 北	536.77	590.72	666.08	703.41	742.81
山 西	484.45	519.62	566.14	610.24	659.38
内蒙古	567.99	637.50	600.17	582.08	639.59
辽 宁	561.29	587.39	633.02	661.90	732.86
吉 林	434.15	457.88	491.88	519.11	581.48
黑龙江	494.03	528.65	549.02	553.89	606.32
上 海	884.13	927.59	985.83	988.87	1035.19
江 苏	742.14	814.47	899.01	907.46	941.57
浙 江	856.93	894.00	968.93	1013.52	1071.58
安 徽	498.93	531.11	603.43	650.54	668.71
福 建	952.80	1010.37	1076.43	1126.37	1214.50
江 西	467.86	512.96	581.95	636.96	673.97
山 东	558.88	604.61	664.40	691.88	716.88
河 南	415.95	446.86	612.71	617.86	653.88
湖 北	537.37	573.15	668.35	737.02	750.83
湖 南	584.86	616.84	691.71	767.63	801.60
广 东	766.78	784.75	808.85	868.59	940.19
广 西	558.98	589.11	681.77	746.22	810.63
海 南	571.47	601.32	596.37	685.32	724.88
重 庆	549.13	569.76	650.20	644.43	689.24
四 川	477.56	511.04	561.54	580.27	641.18
贵 州	583.74	692.26	746.17	885.01	941.49
云 南	417.11	449.05	493.60	520.79	563.51
西 藏	302.36	351.64	371.29	487.29	545.10
陕 西	545.77	606.03	661.92	665.88	677.43
甘 肃	331.12	362.28	401.95	431.72	461.11
青 海	425.46	468.32	518.46	561.59	618.04
宁 夏	369.71	390.79	417.47	436.23	466.24
新 疆	350.11	377.27	407.09	452.93	518.80

3-9 电力企业供电量

单位：亿千瓦时

地 区	2016年	2017年	2018年	2019年	2020年
全 国	**50742**	**54357**	**59508**	**62835**	**65232**
北 京	986	1039	1110	1131	1105
天 津	696	732	784	808	797
河 北	2939	3120	3358	3542	3618
山 西	1426	1608	1758	1872	1916
内蒙古	1561	1803	2106	2338	2534
辽 宁	1729	1822	1972	2050	2045
吉 林	565	601	648	667	691
黑龙江	753	777	822	822	832
上 海	1315	1358	1400	1411	1416
江 苏	4796	5140	5478	5609	5717
浙 江	3473	3766	4062	4235	4348
安 徽	1478	1598	1797	1953	2046
福 建	1766	1902	2078	2152	2234
江 西	1022	1122	1250	1348	1404
山 东	3420	3603	3999	4230	4316
河 南	2527	2717	2938	3072	3080
湖 北	1525	1618	1800	1939	1876
湖 南	1295	1379	1542	1650	1714
广 东	5323	5650	6012	6364	6547
广 西	1238	1116	1545	1683	1812
海 南	240	255	275	302	309
重 庆	790	850	941	975	1023
四 川	1990	2087	2265	2405	2577
贵 州	1534	1561	1693	1819	1977
云 南	2109	2386	2627	2902	3015
西 藏	49	58	69	77	82
陕 西	1056	1169	1259	1343	1879
甘 肃	783	844	939	957	1043
青 海	608	663	711	690	719
宁 夏	632	705	708	727	729
新 疆	798	951	1162	1312	1375
跨 区	323	356	402	453	453

注：新疆为新疆电力公司上报公司口径数据。

3-10 电力企业售电量

单位：亿千瓦时

地　区	2016年	2017年	2018年	2019年	2020年
全　国	**47451**	**50835**	**55777**	**59111**	**61581**
北　京	918	968	1037	1062	1058
天　津	649	683	731	757	759
河　北	2742	2916	3134	3316	3406
山　西	1338	1513	1658	1769	1817
内蒙古	1479	1708	2017	2251	2438
辽　宁	1623	1712	1853	1934	1942
吉　林	522	556	601	619	641
黑龙江	700	723	757	751	765
上　海	1235	1277	1326	1380	1356
江　苏	4595	4931	5297	5421	5529
浙　江	3328	3611	3903	4074	4186
安　徽	1369	1483	1672	1822	1919
福　建	1682	1813	2003	2074	2150
江　西	951	1045	1163	1262	1345
山　东	3202	3387	3766	3996	4130
河　南	2325	2501	2708	2840	2851
湖　北	1421	1508	1678	1810	1776
湖　南	1185	1262	1416	1518	1578
广　东	5105	5391	5752	6118	6309
广　西	1169	1028	1455	1597	1729
海　南	222	236	255	284	292
重　庆	735	791	878	925	972
四　川	1813	1911	2074	2218	2372
贵　州	1438	1475	1585	1733	1882
云　南	2010	2275	2495	2780	2885
西　藏	42	50	60	67	71
陕　西	989	1096	1184	1264	1781
甘　肃	731	789	879	896	978
青　海	588	639	684	664	693
宁　夏	609	680	684	701	704
新　疆	735	877	1072	1209	1268
跨　区					

注：新疆为新疆电力公司上报公司口径数据。

3-11 电力企业线损电量

单位：亿千瓦时

地 区	2016年	2017年	2018年	2019年	2020年
全 国	**3291**	**3522**	**3731**	**3724**	**3651**
北 京	68	71	73	70	48
天 津	47	49	53	51	38
河 北	196	204	223	226	212
山 西	88	95	100	103	100
内蒙古	82	95	88	87	96
辽 宁	106	111	118	116	102
吉 林	43	45	48	48	50
黑龙江	53	54	65	72	67
上 海	80	82	74	31	61
江 苏	200	210	181	188	189
浙 江	146	155	159	160	162
安 徽	109	115	125	131	127
福 建	84	88	75	79	84
江 西	71	78	86	86	59
山 东	217	216	233	234	187
河 南	201	216	230	232	229
湖 北	104	110	121	129	100
湖 南	110	117	126	131	137
广 东	218	259	260	246	238
广 西	69	89	90	86	84
海 南	18	18	20	18	17
重 庆	55	59	63	50	51
四 川	177	176	190	187	205
贵 州	96	86	108	85	95
云 南	99	111	133	122	130
西 藏	7	8	9	10	11
陕 西	67	73	75	79	98
甘 肃	52	55	60	60	65
青 海	20	23	27	26	27
宁 夏	22	25	25	25	25
新 疆	63	74	90	103	106
跨 区	323	356	402	453	453

注：新疆为新疆电力公司上报公司口径数据。

3-12 电力企业线损率

单位：%

地 区	2016年	2017年	2018年	2019年	2020年
全 国	**6.49**	**6.48**	**6.27**	**5.93**	**5.60**
北 京	6.88	6.85	6.55	6.15	4.32
天 津	6.74	6.72	6.71	6.30	4.75
河 北	6.68	6.55	6.65	6.39	5.86
山 西	6.17	5.89	5.68	5.50	5.19
内蒙古	5.26	5.25	4.20	3.71	3.78
辽 宁	6.10	6.07	6.01	5.67	5.01
吉 林	7.54	7.49	7.39	7.21	7.20
黑龙江	7.00	6.90	7.86	8.70	8.00
上 海	6.06	6.03	5.30	2.23	4.29
江 苏	4.18	4.08	3.31	3.34	3.30
浙 江	4.19	4.13	3.92	3.79	3.72
安 徽	7.36	7.18	6.94	6.70	6.20
福 建	4.75	4.65	3.63	3.65	3.75
江 西	6.95	6.92	6.91	6.37	4.20
山 东	6.35	6.01	5.83	5.53	4.33
河 南	7.97	7.94	7.84	7.55	7.45
湖 北	6.82	6.78	6.75	6.63	5.34
湖 南	8.53	8.47	8.16	7.96	7.98
广 东	4.09	4.59	4.32	3.87	3.63
广 西	5.58	7.94	5.81	5.09	4.61
海 南	7.34	7.25	7.17	6.02	5.53
重 庆	6.99	6.92	6.73	5.15	4.99
四 川	8.92	8.43	8.41	7.78	7.94
贵 州	6.28	5.50	6.36	4.69	4.81
云 南	4.68	4.64	5.05	4.20	4.31
西 藏	13.83	13.74	12.92	12.80	13.10
陕 西	6.31	6.25	5.99	5.90	5.22
甘 肃	6.64	6.56	6.36	6.30	6.25
青 海	3.35	3.49	3.74	3.70	3.70
宁 夏	3.55	3.52	3.51	3.50	3.49
新 疆	7.92	7.80	7.75	7.85	7.75
跨 区					

注：新疆为新疆电力公司上报公司口径数据。

3-13 全国跨区域送出电量

单位：万千瓦时

地　区	2016年	2017年	2018年	2019年	2020年
全　国	**37766838**	**42355065**	**48188629**	**54042816**	**64738159**
一、华北	**2467419**	**3272791**	**4874130**	**6293898**	**7457249**
1. 东北					508935
2. 华中	539400	310386	378004	388232	399874
3. 华东	1617747	2623119	4030240	5568415	6166769
4. 西北	199566	217482	339865	202992	243174
5. 蒙古国	110706	121804	126021	134259	138497
二、东北	**2068489**	**2207494**	**3530583**	**4527260**	**5755034**
1. 华北	2068294	2207344	3530421	4527144	5754933
2. 朝鲜	195	150	162	116	101
三、华东	**2577**	**2420**	**1269**	**2333**	**1598**
1. 华中	23	23	42	146	143
2. 西南	101	31	138	47	4
3. 南方	2380	2350	1089	2139	1451
4. 西北	73	16		1	
四、华中	**6527380**	**6649633**	**6530254**	**6399932**	**7024218**
1. 华北	285017	343536	258669	102343	122476
2. 华东	3373456	3490691	3689264	3672576	4088609
3. 西北	0.3	85	64	28	70
4. 西南	351678	342165	156122	200812	406186
5. 南方	2517229	2473155	2426135	2424173	2406878

3-13 续表

单位：万千瓦时

地　　区	2016年	2017年	2018年	2019年	2020年
五、西北	**10135529**	**12943476**	**16642961**	**20183033**	**27669180**
1. 华北	4986254	5123809	5355897	6479422	9484226
2. 华东	727815	2012593	4252967	5621797	9378589
3. 华中	4034322	5212979	5987676	6960575	7613485
4. 西南	386487	593573	1045736	1120555	1192131
5. 蒙古国	651	522	685	684	749
六、西南	**11582773**	**12353744**	**11561930**	**11201721**	**11524174**
1. 华东	10769360	11006550	10104218	10081873	10124088
2. 华中	281285	569017	513364	492256	512278
3. 西北	532116	777659	943305	624493	877018
4. 南方	11	518	1043	3099	10789
七、南方	**4982671**	**4925506**	**5047502**	**5434639**	**5306706**
1. 华中	984527	908360	871263	1030281	1048723
2. 西南	2180608	2161805	2190067	2359040	2184036
3. 香港特别行政区	1199437	1303703	1290026	1271594	1307801
4. 澳门特别行政区	430582	395155	491104	497610	485260
5. 越南	148993	132226	172366	222211	194243
6. 缅甸	26749	19700	30836	53041	76968
7. 老挝	11774	4557	1839	862	9675

3-14 全国跨区域送出电量增速

单位：%

地　区	2016年	2017年	2018年	2019年	2020年
全　国	**6.99**	**12.15**	**13.77**	**12.15**	**13.35**
一、华北	**-3.40**	**32.64**	**48.93**	**32.31**	**8.96**
1. 东北					-7.46
2. 华中	0.21	-42.46	21.79	2.71	3.00
3. 华东	-0.15	62.15	53.64	38.17	10.75
4. 西北	-30.18	8.98	56.27	-8.77	19.79
5. 蒙古国	0.69	10.02	3.46	6.54	3.16
二、东北	**19.45**	**6.72**	**59.94**	**28.23**	**6.96**
1. 华北	19.45	6.72	59.94	28.23	6.96
2. 朝鲜	-13.55	-23.15	7.86	-28.43	-12.93
三、华东	**-98.33**	**-5.58**	**-47.56**	**83.85**	**-31.50**
1. 华中	-99.98	155.56	82.61	247.62	-2.05
2. 西南	65.57	-69.31	345.16	-65.94	-91.49
3. 南方	31.42	-1.26	-53.66	96.42	-32.16
4. 西北		-78.08	-100.00		
四、华中	**11.59**	**1.87**	**-1.80**	**-2.00**	**9.75**
1. 华北	18.80	20.53	-24.70	-60.43	19.67
2. 华东	10.94	3.48	5.69	-0.45	11.33
3. 西北	-63.24	33980.00	-24.71	-55.38	156.96
4. 西南	49.75	-2.71	-54.37	28.63	102.27
5. 南方	7.85	-1.75	-1.90	-0.08	-0.71

3-14 续表

单位：%

地　　区	2016年	2017年	2018年	2019年	2020年
五、西北	**12.60**	**27.70**	**28.58**	**20.42**	**26.62**
1. 华北	-5.31	2.76	4.53	18.38	16.40
2. 华东		176.53	111.32	32.19	66.83
3. 华中	25.74	29.22	14.86	16.25	9.38
4. 西南	-26.62	53.58	76.18	7.15	6.39
5. 蒙古国	38.22	-19.82	31.23	-0.15	9.50
六、西南	**2.03**	**6.66**	**-6.41**	**-3.12**	**2.88**
1. 华东	5.70	2.20	-8.20	-0.22	0.42
2. 华中	-21.30	102.29	-9.78	-4.11	4.07
3. 西北	-33.34	46.14	21.30	-33.80	40.44
4. 南方	-99.87	4609.09	101.35	197.16	248.10
七、南方	**7.03**	**-1.15**	**2.48**	**7.67**	**-2.35**
1. 华中	-7.85	-7.74	-4.08	18.25	1.79
2. 西南	24.33	-0.86	1.31	7.72	-7.42
3. 香港特别行政区	-1.24	8.69	-1.05	-1.43	2.85
4. 澳门特别行政区	6.20	-8.23	24.28	1.32	-2.48
5. 越南	-13.61	-11.25	30.36	28.92	-12.59
6. 缅甸	78.93	-26.35	56.53	72.01	45.11
7. 老挝	-54.15	-61.29	-59.64	-53.12	1022.10

3-15 全国跨省送出电量

单位: 万千瓦时

地 区	2016年	2017年	2018年	2019年	2020年
全 国	**100306084**	**112990314**	**129514626**	**144408266**	**153355997**
北 京	102593	53478	68415	38514	47528
天 津	482111	708948	1719348	1566698	1873341
河 北	4053858	4363207	4375859	4877294	5566411
山 西	8020671	9344846	11061722	12652078	11154399
内蒙古	13572672	15461860	18055375	20817990	23107674
辽 宁	2877285	3061134	3028327	3029323	2455168
吉 林	2045047	2192939	2800281	3068250	3539405
黑龙江	1253355	1325393	1603410	2085447	2217277
上 海	597161	1183856	1453069	1377287	1141226
江 苏	1278340	1307474	1416915	1761892	1415638
浙 江	1087436	1604826	2065036	2112465	1476985
安 徽	4673527	5549967	6458139	7294943	7821715
福 建	423610	753451	1493639	1718584	1549782
江 西	17508	5109	2185	2368	359
山 东		22761	119924	72757	70635
河 南	423109	310587	235287	181834	234378
湖 北	8154108	8675018	8673393	8395925	9741927
湖 南	925277	766754	732806	857641	728521
广 东	1636609	1707489	1791564	1775851	1799769
广 西	900874	1028606	1199615	1112514	1158358
海 南	9404	7609	8939	5107	7287
重 庆	434914	709999	632248	593170	631515
四 川	13163359	14291713	14058320	13831273	14258572
贵 州	7132864	6268653	6349901	7177452	7420801
云 南	12963351	14346022	15789781	16638387	16643040
西 藏	90851	92736	88280	173084	181361
陕 西	3576075	3986355	4332756	5449729	6040000
甘 肃	2624552	3642321	6102744	7392640	7873207
青 海	333344	546983	1571707	2452393	2728866
宁 夏	3845668	5270707	7304220	9124350	10871084
新 疆	3606551	4399513	4921421	6671026	9599769

3-16 全国跨省送出电量增速

单位: %

地 区	2016年	2017年	2018年	2019年	2020年
全 国	**5.06**	**12.65**	**14.62**	**11.40**	**7.73**
北 京	94.96	-47.87	27.93	-43.71	23.40
天 津	-5.63	47.05	142.52	-8.88	19.57
河 北	20.55	7.63	0.29	11.46	14.13
山 西	-0.75	16.51	18.37	14.38	5.27
内蒙古	-2.78	13.92	16.77	15.30	11.00
辽 宁	36.58	6.39	-1.07	0.03	-18.95
吉 林	2.13	7.23	27.70	9.57	15.36
黑龙江	-13.07	5.75	20.98	30.06	6.32
上 海	-5.12	98.25	22.74	-5.22	-17.14
江 苏	9.17	2.28	8.37	24.35	-19.65
浙 江	23.41	47.58	28.68	2.30	-30.08
安 徽	9.55	18.75	16.36	12.96	7.22
福 建	28.86	77.86	98.24	15.06	-9.82
江 西	639.67	-70.82	-57.23	8.38	-84.84
山 东			426.88	-39.33	-2.92
河 南	0.52	-26.59	-24.24	-22.72	28.90
湖 北	5.21	6.39	-0.02	-3.20	16.03
湖 南	6.21	-17.13	-4.43	17.04	-15.06
广 东	-5.26	4.33	4.92	-0.88	1.35
广 西	-25.39	14.18	16.63	-7.26	4.12
海 南	121.77	-19.09	17.48	-42.86	42.68
重 庆	6.70	63.25	-10.95	-6.18	6.46
四 川	3.92	8.57	-1.63	-1.62	3.09
贵 州	-5.70	-12.12	1.30	13.03	3.39
云 南	14.80	10.67	10.06	5.37	0.03
西 藏	154.83	2.07	-4.81	96.06	4.78
陕 西	-5.33	11.47	8.69	22.45	10.84
甘 肃	7.54	38.78	67.55	21.14	6.50
青 海	15.87	64.09	187.34	56.03	11.27
宁 夏	15.02	37.06	38.58	24.92	19.14
新 疆	25.28	21.99	11.86	37.58	41.78

3-17 全国进出口电量

单位：万千瓦时

项目	2016年	2017年	2018年	2019年	2020年
进出口电量合计	**2518506**	**2576188**	**2624417**	**2626582**	**2665761**
(一)进口	**589419**	**598372**	**511376**	**446207**	**452466**
辽宁购朝鲜					
内蒙古购蒙古国					
黑龙江购俄罗斯	328526	328329	307671	306807	302804
广东购香港特别行政区	120683	129254	60243		
云南购缅甸	139360	140789	143462	139292	149662
云南购老挝	851			107	
(二)出口	**1929087**	**1977816**	**2113040**	**2180375**	**2213295**
吉林送朝鲜	195	149	163	114	102
辽宁送朝鲜					
广东售香港特别行政区					
广东送香港特别行政区	1199437	1303703	1290026	1271594	1307801
广东售澳门特别行政区	430582	395155	491104	497610	485260
云南送越南	147319	132226	172366	222211	194243
广西送越南	1674				
云南送缅甸	26749	19700	30836	53041	76968
云南送老挝	11774	4557	1839	862	9675
内蒙古送蒙古国	110706	121804	126021	134259	138497
新疆送蒙古国	651	522	685	684	749

3-18 全国进出口电量增速

单位：%

项　　目	2016年	2017年	2018年	2019年	2020年
进出口电量合计	**-0.56**	**2.29**	**1.87**	**0.08**	**1.49**
（一）进口	**0.09**	**1.52**	**-14.54**	**-12.74**	**1.40**
辽宁购朝鲜					
内蒙古购蒙古国					
黑龙江购俄罗斯	0.50	-0.06	-6.29	-0.28	-1.30
广东购香港特别行政区	2.90	7.10	-53.39	-100.00	
云南购缅甸	-3.37	1.03	1.90	-2.91	7.44
云南购老挝	74.45				
（二）出口	**-0.75**	**2.53**	**6.84**	**3.19**	**1.51**
吉林送朝鲜	-13.72	-23.59	9.40	-30.06	-10.53
辽宁送朝鲜					
广东售香港特别行政区					
广东送香港特别行政区	-1.24	8.69	-1.05	-1.43	2.85
广东售澳门特别行政区	6.20	-8.23	24.28	1.32	-2.48
云南送越南	-8.11	-10.25	30.36	28.92	-12.59
广西送越南	-86.22				
云南送缅甸	78.93	-26.35	56.53	72.01	45.11
云南送老挝	-54.15	-61.29	-59.64	-53.12	1022.10
内蒙古送蒙古国	0.69	10.02	3.46	6.54	3.16
新疆送蒙古国	38.22	-19.82	31.23	-0.15	9.50

3-19　2020年分地区

地　区	全社会用电总计	A. 全行业用电合计			
			第一产业	第二产业	第三产业
全　国	**645737824**	**74473862**	**8550684**	**13880701**	**51937855**
北　京	8973010	700912	31454	54046	615412
天　津	6849022	544656	42139	114068	388449
河　北	36558974	5100199	470859	1045110	3584230
山　西	13789027	1300191	153401	295650	851140
内蒙古	14467071	2141416	553932	217920	1369564
辽　宁	25019578	2598402	495358	302867	1800177
吉　林	14724164	2111417	242170	195587	1673660
黑龙江	17296853	2447541	175526	253268	2018747
上　海	10972733	1516776	47961	85670	1383145
江　苏	44715464	5939899	467925	954659	4517315
浙　江	29602017	4285360	244842	1431859	2608659
安　徽	30712222	3087555	461818	516143	2109594
福　建	19717145	2815056	147640	842365	1825051
江　西	19934221	2481012	104432	536203	1840377
山　东	48694365	5731579	1067129	1052592	3611858
河　南	41735891	4767746	553688	499741	3714317
湖　北	27580378	2819618	470159	483807	1865652
湖　南	29441722	2612834	340829	705748	1566257
广　东	47593300	6061714	693670	1323058	4044986
广　西	17622776	1426314	230136	299136	897042
海　南	2940818	426309	50855	69789	305665
重　庆	16925252	1105320	45166	174482	885672
四　川	37347183	2731828	189699	491567	2050562
贵　州	17143472	1587819	126376	311444	1149999
云　南	17966591	2426396	259087	643992	1418695
西　藏	163607	26616	337	4292	21987
陕　西	21857737	2155361	386639	298114	1470608
甘　肃	9203931	1332957	226755	251870	854332
青　海	1665168	193299	8824	75766	108709
宁　夏	4259503	707392	176785	74439	456168
新　疆	10264629	1290368	85093	275449	929826

全社会用户个数分类

单位: 个

B.城乡居民生活用电合计	一、农、林、牧、渔业	二、工业		
			(一)采矿业	(二)制造业
571263962	**14291011**	**12048703**	**289846**	**10800139**
8272098	48586	42506	306	28765
6304366	48916	105969	471	87766
31458775	1289093	979467	18953	868731
12488836	256258	263164	19207	224820
12325655	553932	202031	12410	136699
22421176	580737	289615	13447	230290
12612747	409947	183237	5914	113145
14849312	316874	241019	4337	199888
9455957	60719	69519	150	64383
38775565	932539	892062	4192	845083
25316657	374548	1312780	6049	1177255
27624667	579034	393718	11369	364603
16902089	173144	785934	15561	741857
17453209	211594	409287	17675	378126
42962786	2094038	959590	23304	888915
36968145	1337884	346830	7633	321061
24760760	1067027	364823	15395	334088
26828888	504749	587396	11646	559857
41531586	819770	1166737	7232	1095650
16196462	301465	249950	8756	230349
2514509	103059	33923	1672	26330
15819932	52130	143612	6063	125866
34615355	323842	434622	20040	393278
15555653	179459	255575	12312	236484
15540195	357870	507969	14077	481677
136991	805	2054	153	867
19702376	560961	205259	11960	134907
7870974	339699	232095	9843	196553
1471869	11865	71523	1318	66643
3552111	204880	67187	2298	57018
8974261	195587	249250	6103	189185

3-19 续表

地区	（三）电力、热力、燃气及水生产和供应业	三、建筑业	四、交通运输、仓储和邮政业	五、信息传输、软件和信息技术服务业
全国	**958718**	**1971546**	**750423**	**5110428**
北京	13435	11660	6478	27422
天津	17732	8857	5814	20377
河北	91783	75625	48820	236359
山西	19137	39233	17793	88206
内蒙古	52922	15889	68139	91051
辽宁	45878	18677	45251	174792
吉林	64178	13966	28066	157772
黑龙江	36794	18611	52018	136686
上海	4986	17110	6931	64512
江苏	42787	69984	45680	624561
浙江	129476	124628	28782	350516
安徽	17746	124881	28130	186840
福建	28516	63950	17928	264172
江西	13486	130896	13745	243323
山东	47371	102583	75826	408315
河南	18136	156214	20324	211147
湖北	15340	123505	17539	195123
湖南	15893	121041	17292	140867
广东	63855	172489	54782	351773
广西	10845	54383	9928	127923
海南	5921	36648	1660	22241
重庆	11683	33259	11484	138327
四川	21304	68878	21159	231177
贵州	6779	59769	14175	110189
云南	12215	141862	23731	147482
西藏	1034	2239	341	1285
陕西	58392	95036	31483	146252
甘肃	25699	27433	14554	103003
青海	3562	4956	2782	17329
宁夏	7871	8288	7545	18727
新疆	53962	28996	12243	72679

单位: 个

六、批发和零售业	七、住宿和餐饮业	八、金融业	九、房地产业	十、租赁和商务服务业	十一、公共服务及管理组织
21122307	**2818615**	**293215**	**3701321**	**1285634**	**11080659**
164266	19454	1716	182651	9911	186262
64157	15545	1956	196623	9290	67152
1302943	131312	13726	124592	43505	854757
295039	51178	7627	6747	31545	243401
629754	147055	10705	57235	41332	324293
795745	108528	13796	102567	31489	437205
609853	100766	13457	150663	54407	389283
662560	133124	11312	83185	45651	746501
311432	12462	5644	779629	17006	171812
1286449	143371	13989	930491	154975	845798
934119	105284	17073	235482	86967	715181
946364	88947	8086	102053	40557	588945
921470	79929	11025	58809	44055	394640
988702	99039	15744	50506	14529	303647
1005727	161885	12336	72436	33338	805505
2186031	88994	8209	46455	23690	341968
526383	129025	7961	60910	15810	311512
790870	74221	8457	20504	23385	324052
1941698	257531	34949	114299	269241	878445
306902	99895	5603	10005	99808	160452
101210	29471	3213	9524	11741	73619
395837	65994	5699	49801	10310	198867
1195104	126044	16043	33260	25318	256381
537980	160352	12263	16126	47315	194616
535767	145967	8620	113398	48148	395582
9193	2510	195	408	350	7236
726828	87914	8998	12961	12237	267432
350150	52554	6909	6927	11645	187988
32607	12282	1010	1245	929	36771
199067	27377	2310	49484	11593	110934
368100	60605	4584	22345	15557	260422

3-20 2020年分地区

地 区	全社会用电总计	A. 全行业用电合计			
			第一产业	第二产业	第三产业
全 国	**9518303023**	**5785415693**	**164743353**	**3501346869**	**2119325471**
北 京	155616683	97517411	1505430	19621501	76390480
天 津	106188404	71868667	2067654	33941032	35859981
河 北	491580691	366320075	22113985	180407088	163799002
山 西	195937000	150583047	2721570	111020463	36841014
内蒙古	208735499	166896128	9899552	119450382	37546194
辽 宁	243556321	155012944	5666112	92403905	56942927
吉 林	110701322	75558683	3089908	42350327	30118448
黑龙江	159867961	96873907	9166584	48185156	39522167
上 海	162061386	111446302	694507	41621615	69130180
江 苏	784119019	477088443	9997060	263486934	203604449
浙 江	474588737	297965492	4476161	169090530	124398801
安 徽	360061425	178620627	5986337	96636955	75997335
福 建	316729329	195708294	4250318	124828107	66629869
江 西	289312207	144217426	3344425	89718240	51154761
山 东	625406252	367289676	14257379	226520698	126511599
河 南	370856321	202269461	6460346	104029493	91779622
湖 北	310291170	170372298	5476265	93583662	71312371
湖 南	328965578	139395009	3589675	78974594	56830740
广 东	802253426	562129462	9908443	342457800	209763220
广 西	209726952	106497950	3553355	67664486	35280108
海 南	45108473	32445885	1139477	12587644	18718765
重 庆	160352541	87852133	902787	44319095	42630251
四 川	539435118	235018846	2817976	155127711	77073159
贵 州	435067944	327321591	2894309	249095815	75331467
云 南	294778657	138446237	4490073	88394940	45561224
西 藏	8104691	6620573	34630	3896188	2689755
陕 西	523481343	182633958	5686209	114596499	62351250
甘 肃	198396485	150616737	4809555	87807575	57999607
青 海	41347937	34404192	354617	23332425	10717150
宁 夏	83403501	65301208	2663516	48448791	14188901
新 疆	482270650	391123031	10725138	327747218	52650675

全社会用户用电设备分类

单位：千瓦

B. 城乡居民生活用电合计	一、农、林、牧、渔业	二、工业		
			（一）采矿业	（二）制造业
3732887329	**260742109**	**3272596718**	**206330890**	**2030143183**
58099272	2461047	15047953	116103	9605140
34319737	2720621	31134094	604849	26225315
125260616	29794982	170513372	8162597	129934931
45353953	7250503	106308375	36364076	38337302
41839371	9899552	116373591	12591370	65581373
88543377	6725344	88429709	5819606	52893503
35142639	5887171	39513390	2354962	16037866
62994054	13198563	45490999	8012515	20034677
50615084	978798	38683253	30138	34209777
307030576	19334122	247348589	1290096	175273243
176623245	6723680	150588732	1363787	126878550
181440798	8760382	88119596	4384960	44954279
121021035	4875513	115618304	1521310	66591851
145094781	5063570	83026509	3415638	51638611
258116576	27388037	211866700	10207768	145283592
168586860	12545836	92363130	4765335	50943013
139918872	13200099	83729873	2770498	46639408
189570569	6136942	71764048	2713047	35736723
240123963	12204935	325065221	2238961	181535247
103229002	4522587	61759939	2431832	38246271
12662588	2027599	10876487	593621	3822500
72500408	1123219	39216714	1646584	23312108
304416272	4623211	143498133	14969954	97331369
107746353	3610143	239973669	21342211	142051254
156332420	6503475	76615279	6651193	49590331
1484118	71514	3361640	391891	743755
340847385	8409726	105053590	14110659	42226202
47779748	10853890	80553823	8755566	33925102
6943745	662381	21909884	945363	16185408
18102293	3936782	47138736	1891548	19832168
91147619	19247885	321653387	23872852	244542315

3-20 续表

地 区	(三)电力、热力、燃气及水生产和供应业	三、建筑业	四、交通运输、仓储和邮政业	五、信息传输、软件和信息技术服务业
全 国	**1036122645**	**236941357**	**312164445**	**100677779**
北 京	5326710	4579407	6700135	4354423
天 津	4303930	2883780	5669290	1264978
河 北	32415844	10497906	22468079	6463634
山 西	31606997	4853145	11377302	1250029
内蒙古	38200848	3076791	10471792	3971127
辽 宁	29716600	4187269	9151299	1937983
吉 林	21120562	2893401	4831765	1191649
黑龙江	17443807	2783841	7169314	1787889
上 海	4443338	3215382	5784364	3342291
江 苏	70785250	16451313	19683444	11278280
浙 江	22346395	18702062	12016228	7427799
安 徽	38780357	8579508	9881280	2412491
福 建	47505143	9483995	7825145	4501366
江 西	27972260	7489832	5875561	4860259
山 东	56375340	14871269	20386595	4254803
河 南	36654782	11786564	14406260	2699963
湖 北	34319967	10213677	11896440	2724266
湖 南	33314278	7315564	9665863	2123314
广 东	141291013	19203585	28143434	10660787
广 西	21081836	6099971	6122968	1417181
海 南	6460366	1734829	1129995	506062
重 庆	14258022	5422739	5830697	1833624
四 川	31196810	12788494	12949867	4248066
贵 州	76580204	9247404	11005012	2493173
云 南	20373755	11898106	9121337	2111224
西 藏	2225994	534668	184320	87401
陕 西	48716729	9672742	14538488	2189967
甘 肃	37873155	7445024	15851225	1919532
青 海	4779113	1443994	3261730	429259
宁 夏	25415020	1350145	2452184	432392
新 疆	53238220	6234951	6313032	4502567

单位：千瓦

六、批发和零售业	七、住宿和餐饮业	八、金融业	九、房地产业	十、租赁和商务服务业	十一、公共服务及管理组织
382392019	**114229842**	**26614338**	**347957173**	**112005566**	**619094346**
8738673	3260268	1641022	24764331	3907786	22062366
4217441	1245297	329615	12579940	1021946	8801665
23647063	5503187	1215908	18604288	7204363	70407293
5768928	1766195	318061	1327513	1221068	9141928
5688209	2716369	357572	2383381	1360693	10597051
13341756	3273087	797902	7871728	1729239	17567628
5724940	1607591	462103	3668051	820694	8957928
7319741	1974043	380801	3322237	1077137	12369342
7323327	1471983	1682970	31288012	3162431	14513491
32077596	8548456	1755063	55544113	12846226	52221241
24608709	7342480	1922077	24111349	9618792	34903584
16778786	3785436	994762	13143433	2625500	23539453
18001684	4101117	808904	6005243	3264999	21222024
14085566	3694296	981014	3590073	738505	14812241
19891955	5747130	1244107	18376735	7297869	35964476
21794772	3630526	702619	17851185	1567540	22921066
11895541	3758768	798827	12660234	1327235	18167338
12932556	3400595	609319	8319257	1419489	15708062
39467035	14332434	3521560	16434117	33631087	59465268
5235969	2677146	400186	3706799	3100868	11454336
1903877	2176855	222722	6390661	641065	4835733
9145832	1966013	418018	11971262	731203	10192812
20726924	4642767	1958312	8020940	1312209	20249923
9174180	5411935	1293783	15105744	2443748	27562802
7554953	4160955	326896	4583871	2855598	12714543
491863	244659	70095	136393	74944	1363076
12520946	3832253	484261	7190800	1329433	17411752
11191483	3738260	381329	2603590	1904614	14173967
1098656	568016	73304	2060153	134310	2762505
2734518	890758	112187	2198224	526025	3529257
7308541	2760967	349039	2143517	1108950	19500195

3-21 2020年分地区

地 区	全社会用电总计	A. 全行业用电合计			
			第一产业	第二产业	第三产业
全 国	**752143913**	**642683076**	**8585867**	**513183045**	**120914163**
北 京	11399700	8601775	90673	2944549	5566552
天 津	8745875	7484809	144685	5585558	1754565
河 北	39339245	33802334	586964	26486627	6728743
山 西	23417291	21113088	185311	18043439	2884338
内蒙古	39004929	37463528	245431	34238506	2979592
辽 宁	24233995	21106132	434687	17139107	3532338
吉 林	8054019	6642469	154402	4794806	1693262
黑龙江	10143996	8191650	269728	6086279	1835642
上 海	15759583	13188166	48690	7843149	5296327
江 苏	63737067	55760053	537603	45808549	9413901
浙 江	48297687	41422445	212086	33890989	7319370
安 徽	24275042	20197580	285868	15894031	4017681
福 建	24830040	19795337	395083	15630496	3769758
江 西	16268192	13223531	91287	10434943	2697301
山 东	69398450	62136765	957810	53916512	7262442
河 南	33918558	27432678	483240	21194118	5755319
湖 北	21441798	17048718	228847	12992088	3827783
湖 南	19292758	13968538	175000	10303909	3489630
广 东	69261209	57466481	1253264	42050308	14162908
广 西	20288181	16237074	292189	13238745	2706140
海 南	3625814	2899846	170796	1463846	1265203
重 庆	11864823	9661676	38461	7078842	2544373
四 川	28652010	23292380	162569	18065747	5064064
贵 州	15860649	12234031	127502	10271850	1834680
云 南	20251324	17592946	185001	14865567	2542378
西 藏	824504	626634	2297	413552	210786
陕 西	17409013	14734178	178143	11122167	3433868
甘 肃	13756973	12601659	102022	10414757	2084881
青 海	7420120	7054858	11392	6570171	473295
宁 夏	10381952	10046961	86821	9243106	717034
新 疆	30989115	29654756	448016	25156732	4050008

全社会用电量分类

单位：万千瓦时

B. 城乡居民生活用电合计	一、农、林、牧、渔业	二、工业		
			（一）采矿业	（二）制造业
109460838	**14221073**	**503980556**	**25364489**	**379865231**
2797925	161818	2696395	19648	1580349
1261067	172390	5448581	79253	4218915
5536911	1245139	26080538	1972964	19173028
2304203	475179	17806450	3990655	9370752
1541401	628725	34103415	1864289	25973282
3127863	538525	16927795	1483537	11741741
1411550	228999	4688223	384246	2432347
1952346	430635	5984737	1941992	2039715
2571417	62307	7694599	3037	6223328
7977014	803116	45231123	288492	37928875
6875242	287332	32992790	170089	27505668
4077462	374816	15502219	839532	11202045
5034704	426196	15278573	195794	12290956
3044661	147886	10197809	513849	6938099
7261685	1414759	53269873	2021608	43740859
6485880	821366	20723029	1057747	14605719
4393081	423359	12698252	326494	9540856
5324219	249798	10029383	642438	6746026
11794729	1392437	41416177	376696	34303795
4051107	353177	12939147	296925	11094111
725968	213845	1366524	64043	789929
2203146	44070	6850926	189531	5333576
5359631	221036	17618903	1003912	13150492
3626617	148810	9968246	615144	7243616
2658378	250296	14346910	735750	11260229
197870	3840	374422	84287	106857
2674835	354961	10828552	1838867	5409792
1155314	512179	10261028	709148	7595088
365263	26667	6518213	187384	5827415
334990	235826	9198621	259254	7201689
1334359	1571585	24939104	1207883	17296080

3-21 续表

地 区	（三）电力、热力、燃气及水生产和供应业	三、建筑业	四、交通运输、仓储和邮政业	五、信息传输、软件和信息技术服务业
全 国	**98750835**	**10111036**	**17509831**	**11408772**
北 京	1096398	248451	585715	660691
天 津	1150413	141409	348014	100529
河 北	4934546	442327	1190217	701896
山 西	4445043	248952	822227	231590
内蒙古	6265844	142164	491965	773820
辽 宁	3702517	224830	632798	251763
吉 林	1871630	110666	291215	147965
黑龙江	2003030	104973	296332	159804
上 海	1468234	165671	551712	422253
江 苏	7013756	599491	991314	827208
浙 江	5317032	926514	835512	666321
安 徽	3460641	395297	508970	275674
福 建	2791824	382582	428040	324040
江 西	2745860	288294	375165	300025
山 东	7507406	657079	1351710	404220
河 南	5059563	490160	798595	272816
湖 北	2830902	345735	601940	252167
湖 南	2640919	289897	612195	255003
广 东	6735685	972206	1469204	1040457
广 西	1548111	321936	448267	227543
海 南	512553	98062	70680	72286
重 庆	1327819	260019	309161	210865
四 川	3464499	563382	693093	695337
贵 州	2109485	321362	376403	212962
云 南	2350931	523853	404759	324439
西 藏	183278	39154	16121	12301
陕 西	3579893	306426	806257	239508
甘 肃	1956792	170170	599007	159120
青 海	503414	53182	84789	56332
宁 夏	1737677	49995	112821	49301
新 疆	6435141	226797	405635	1080537

单位：万千瓦时

六、批发和零售业	七、住宿和餐饮业	八、金融业	九、房地产业	十、租赁和商务服务业	十一、公共服务及管理组织
23989140	**7701213**	**1849644**	**13342586**	**5714410**	**32854813**
654236	257845	131362	1241309	259424	1704531
250544	72338	19242	355343	52984	523435
1449949	326313	72322	391882	143486	1758265
442551	143457	39152	85588	81313	736631
366861	187671	29543	95236	64351	579776
820821	236014	65084	275418	91864	1041220
350508	109139	39344	109657	41648	525107
381748	106660	26750	126699	47950	525361
638322	138398	176149	1717207	276849	1344699
1839912	545039	124141	1539516	437822	2821371
1610651	549206	137884	831215	514024	2070998
933553	242171	64741	453959	132645	1313535
1019960	295396	60334	277239	158835	1144142
610219	214251	53675	209957	46206	780044
1317451	419341	93467	758962	340000	2109903
1929567	277199	56297	567680	100351	1395619
764886	248165	61717	509818	75382	1067297
768061	252634	44862	342562	76601	1047543
3115758	1164839	212536	1016016	2009380	3657471
426094	251749	38945	168319	181018	880879
171072	190882	17640	326087	56195	316573
588814	143444	29215	517001	40179	667984
1191792	294935	70870	610815	83140	1249077
327667	193582	50796	159106	58064	417034
446552	264033	30296	149457	142783	709567
37097	25785	6295	6060	5142	100417
743996	209108	35501	272849	72117	864902
268262	119623	22397	51813	38069	399991
95684	35609	5513	35883	6510	136477
119654	49360	8241	47577	19936	155629
306900	137031	25333	92357	60142	809335

3-22 分地区35千伏及以上输电线路杆路长度

单位: 千米

地 区	2016年	2017年	2018年	2019年	2020年
全 国	**1581310**	**1622835**	**1674482**	**1764522**	**1881903**
北 京	8916	9309	9311	9393	9261
天 津	11149	11725	11998	12570	14628
河 北	87740	91426	93983	98843	105627
山 西	64359	67475	63582	72492	78353
内蒙古	94980	103078	111806	116073	120786
辽 宁	44297	45955	46050	46850	48280
吉 林	27593	28475	31249	32450	35166
黑龙江	52300	53215	56006	57367	58647
上 海	7109	7290	7219	7393	7140
江 苏	69880	73358	75887	79542	79516
浙 江	45840	46307	46823	46578	48366
安 徽	58638	61174	64944	68136	70608
福 建	41168	42427	42967	45780	48563
江 西	45755	47699	48706	51140	59448
山 东	81130	86394	88148	92993	93809
河 南	70147	71153	74265	79079	84383
湖 北	65413	66742	68236	69557	70921
湖 南	64509	65823	66748	65983	73514
广 东	59618	54935	38217	56914	58878
广 西	66257	69641	70397	74155	77365
海 南	10645	10426	10595	10694	11022
重 庆	31341	31399	32761	33077	36445
四 川	82020	84637	86223	89002	101563
贵 州	48864	50161	55466	56449	55817
云 南	84550	85227	90719	91072	93482
西 藏	15081	19429	23131	24886	37165
陕 西	49933	38998	54929	58702	61718
甘 肃	58955	61321	61930	66048	74433
青 海	27083	29159	30068	32818	28655
宁 夏	16159	13216	14017	16308	23608
新 疆	72130	75539	78382	82456	93178
跨 区	17752	19722	19720	19720	21559

3-23 分电压等级35千伏及以上输电线路杆路长度

单位：千米

电压等级	2016年	2017年	2018年	2019年	2020年
总 计	**1581310**	**1622835**	**1674482**	**1764522**	**1881903**
一、直流工程	**14660**	**23239**	**35234**	**39167**	**42284**
±1100千伏			304	3295	3295
±800千伏	12295	20874	20993	21907	23632
±660千伏	1334	1334	1334	1334	1334
±500千伏			11064	11180	12124
±400千伏	1031	1031	1031	1031	1639
±400千伏以下			509	420	260
二、交流工程	**1566650**	**1599596**	**1639247**	**1725355**	**1839619**
1000千伏	5823	7936	8741	9217	10348
750千伏	14957	14582	16093	19107	23000
500千伏	149044	156838	156610	162253	170674
330千伏	26501	26870	27168	30395	32526
220千伏	335210	350309	357619	382006	413786
110千伏(含66千伏)	547826	556697	575426	608229	651038
35千伏	487289	486364	497592	514148	538248

3-24 分地区35千伏及以上输电线路回路长度

单位: 千米

地 区	2016年	2017年	2018年	2019年	2020年
全 国	**1756141**	**1825611**	**1888670**	**1975312**	**2156170**
北 京	10024	10402	10898	12011	11656
天 津	11149	11725	11998	12570	14628
河 北	96632	100769	103845	108469	117437
山 西	68293	71853	76998	79269	86612
内蒙古	97695	106019	114898	119677	128164
辽 宁	58718	60811	63001	64163	66842
吉 林	34473	35427	38615	39685	41451
黑龙江	56436	57870	60185	61750	63560
上 海	9642	9880	10097	10308	10322
江 苏	89802	93433	95621	98644	107906
浙 江	62527	63924	65985	69153	73225
安 徽	67246	70021	73017	77308	83036
福 建	47417	48652	49500	52198	54913
江 西	48727	50986	51994	54354	60536
山 东	95866	101893	105715	111322	121596
河 南	74455	75487	78430	83163	94838
湖 北	70074	71120	72551	73760	78669
湖 南	66837	68344	69207	71706	77063
广 东	74931	75515	82207	82129	86482
广 西	70237	73827	75733	78287	83416
海 南	10714	10426	10595	10694	11022
重 庆	35475	35739	37380	37746	39730
四 川	92326	95188	97087	99723	112379
贵 州	48925	50316	55580	57959	56490
云 南	85368	85915	91397	91813	94441
西 藏	15359	19708	23415	25171	37340
陕 西	54565	57486	44327	62763	65416
甘 肃	61378	64363	65225	68877	80564
青 海	28616	30760	31708	34553	40934
宁 夏	17535	17618	18547	19041	32268
新 疆	74801	78265	81047	85176	99530
跨 区	19899	21870	21867	21867	23707

3-25 分电压等级35千伏及以上输电线路回路长度

单位：千米

电压等级	2016年	2017年	2018年	2019年	2020年
总 计	**1756141**	**1825611**	**1888670**	**1975312**	**2156170**
一、直流工程	**28808**	**37399**	**38648**	**42364**	**46324**
±1100千伏			304	3295	3295
±800千伏	12295	20874	21324	21907	24980
±660千伏	1334	1334	1334	1334	1334
±500千伏	13539	13552	13540	13733	14783
±400千伏	1640	1640	1640	1639	1639
±400千伏以下			506	457	293
二、交流工程	**1727333**	**1788212**	**1850022**	**1932947**	**2109846**
1000千伏	7245	10073	10396	10872	13361
750千伏	17968	18830	20543	23256	25046
500千伏	165875	173772	187158	195636	203058
330千伏	28366	30183	30477	32314	36597
220千伏	397050	415311	434493	454585	488543
110千伏(含66千伏)	611431	631361	652891	684406	752563
35千伏	499400	508682	514066	531880	590678

3-26 分地区35千伏及以上

地区	2016年		2017年	
	座数（座）	铭牌容量（万千伏安）	座数（座）	铭牌容量（万千伏安）
全国	**69108**	**629982**	**70716**	**663108**
北京	703	11782	724	12390
天津	1314	9620	1340	10144
河北	4162	36992	4221	39541
山西	2777	21368	2822	23567
内蒙古	2279	23513	2337	27597
辽宁	2673	24854	2713	25630
吉林	1347	7299	1376	7763
黑龙江	2117	8962	2146	9470
上海	1766	18935	1824	20086
江苏	5351	56080	5454	61481
浙江	3099	42049	3173	43939
安徽	3127	19768	3196	20974
福建	1626	17563	1676	18388
江西	1678	11589	1720	12125
山东	6189	44651	6317	51060
河南	3378	30393	3483	31979
湖北	2646	20634	2692	21369
湖南	2494	14211	2539	15698
广东	2933	50414	3045	53204
广西	2479	12174	2508	12922
海南	346	1965	350	2058
重庆	1162	11493	1218	12214
四川	2790	27622	2875	29004
贵州	1743	11715	1727	11991
云南	2356	16551	2396	17031
西藏	252	720	335	832
陕西	1823	23940	1873	13018
甘肃	1534	11895	1550	13810
青海	539	7057	575	7614
宁夏	630	9025	644	9380
新疆	1761	14593	1830	15307
跨区	34	10552	37	11524

变压器情况(含公用变和自备变)

2018年		2019年		2020年	
座数(座)	铭牌容量(万千伏安)	座数(座)	铭牌容量(万千伏安)	座数(座)	铭牌容量(万千伏安)
71833	**699819**	**73978**	**747833**	**76917**	**812893**
745	13170	738	16291	725	14857
1371	10607	1423	11507	1437	14279
4263	41713	4320	43359	4331	47203
2856	24668	2895	24729	2950	26052
2417	29502	2502	33104	2606	38303
2756	26395	2793	27490	2805	27650
1408	8142	1420	8346	1437	8881
2190	10154	2226	10462	2285	10841
1879	20901	1932	21487	1979	21953
5439	65212	5513	68178	5782	72514
3259	46772	3325	49508	3415	52221
3285	23282	3402	26618	3493	29560
1743	19623	1874	21299	1922	22392
1760	13125	1798	13951	1901	15679
6396	53507	6513	56909	6667	64195
3581	33717	3734	35687	3855	39764
2733	22146	2875	24370	2942	25300
2582	16396	2632	18727	2655	20164
2715	54139	3196	58343	3277	60855
2568	13619	2636	15183	2702	16102
353	2329	356	2437	360	2502
1234	12560	1258	13510	1305	14332
2956	30061	3023	30955	3212	32376
1846	12845	1936	13616	2536	18101
2514	17194	2500	17908	2601	18763
377	1761	382	1881	533	2053
1891	14561	1935	15914	1977	16900
1553	14326	1568	15039	1682	15734
591	8002	622	8159	692	10748
658	9899	668	10466	729	14476
1877	17108	1946	19844	2083	22857
37	12383	37	12558	41	15287

3-27 分电压等级35千伏及

电压等级	2016年		2017年	
	座数（座）	铭牌容量（万千伏安）	座数（座）	铭牌容量（万千伏安）
总　计	**69108**	**629982**	**70716**	**663108**
一、直流工程	**45**	**22449**	**59**	**30010**
±1100千伏				
±800千伏	10	4882	22	10696
±660千伏	1		2	484
±500千伏	30	17567	33	18831
±400千伏	4		2	
±400千伏以下				
二、交流工程	**69063**	**607533**	**70657**	**633098**
1000千伏	18	9900	25	16167
750千伏	41	13570	43	14540
500千伏	641	117128	671	125508
330千伏	199	12219	227	13029
220千伏	5930	193928	6144	203352
110千伏(含66千伏)	27715	207484	28731	209847
35千伏	34519	53305	34816	50654

以上变压器情况(含公用变和自备变)

2018年		2019年		2020年	
座数(座)	铭牌容量(万千伏安)	座数(座)	铭牌容量(万千伏安)	座数(座)	铭牌容量(万千伏安)
71833	**699819**	**73978**	**747833**	**76917**	**812893**
70	**33196**	**78**	**37706**	**95**	**46328**
1	600	3	3839	2	2867
24	17361	25	21345	33	27690
2	947	2	947	3	947
28	13353	31	10945	33	12738
2	141	4	1245	4	1245
14	794	14	794	20	841
71762	**666622**	**73899**	**708718**	**76822**	**766565**
25	14700	27	15300	29	18000
49	17030	53	18515	59	19785
709	136494	750	145905	788	155163
232	13125	247	14062	289	15771
6393	213127	6714	226101	7283	243736
29489	219379	30678	235077	32311	250286
34865	52767	35430	53757	36063	63823

3-28　分地区35千伏及

地　区	2016年		2017年	
	座数(座)	铭牌容量(万千伏安)	座数(座)	铭牌容量(万千伏安)
全　国	**48387**	**529963**	**49714**	**552434**
北　京	498	10801	523	11406
天　津	497	7615	505	8056
河　北	3075	32196	3138	34737
山　西	1341	16279	1372	17266
内蒙古	1774	18096	1833	21015
辽　宁	1751	19876	1776	20500
吉　林	1043	6517	1058	6916
黑龙江	1489	6962	1501	7415
上　海	930	14829	954	15887
江　苏	3040	46357	3108	49703
浙　江	2181	37535	2243	39321
安　徽	1894	16984	1929	18049
福　建	1373	16146	1423	16972
江　西	1473	10608	1526	11160
山　东	3382	37923	3471	41619
河　南	2711	25579	2820	27196
湖　北	2002	16510	2036	17162
湖　南	1787	11778	1814	12280
广　东	2532	49099	2638	51818
广　西	1854	9517	1883	10264
海　南	299	1785	303	1878
重　庆	848	10557	881	11241
四　川	2397	22901	2451	24164
贵　州	1335	10013	1380	10622
云　南	1890	13702	1904	14239
西　藏	245	646	328	758
陕　西	1507	22377	1551	11449
甘　肃	1202	9786	1204	10638
青　海	323	5106	368	5625
宁　夏	361	6379	374	6735
新　疆	1334	11802	1399	12492
跨　区	19	3700	20	3850

以上公用普通变压器情况

2018年		2019年		2020年	
座数(座)	铭牌容量(万千伏安)	座数(座)	铭牌容量(万千伏安)	座数(座)	铭牌容量(万千伏安)
50898	**585610**	**52281**	**621395**	**53922**	**661519**
548	12338	574	13191	582	14010
513	8515	544	9353	559	9828
3180	36872	3239	38367	3276	40823
1397	17693	1422	18296	1445	19302
1886	22515	1943	24750	1980	28272
1796	21030	1820	21589	1852	22074
1089	7267	1106	7485	1115	7750
1525	7921	1556	8213	1588	8466
971	16606	986	16958	1002	17242
3117	53822	3197	57061	3205	59136
2313	41966	2355	44596	2417	47041
1984	19458	2085	21743	2152	24223
1456	18054	1532	19282	1563	20223
1569	12175	1641	13136	1589	14188
3503	43614	3582	46949	3689	50990
2923	28966	3065	30890	3167	33574
2097	17998	2170	18898	2222	19867
1852	12955	1897	15113	1953	16577
2715	54139	2778	56043	2853	58509
1943	10961	2008	11756	2053	12469
308	2151	311	2259	315	2324
898	11539	925	12468	954	13072
2494	25093	2540	25854	2497	26553
1410	10501	1457	11189	2009	14949
2019	14316	2003	14955	2049	15691
370	1686	375	1807	526	1979
1584	12971	1624	14228	1685	15204
1207	11076	1218	11711	1213	12230
382	5772	409	5805	425	6872
382	7299	389	7776	396	7427
1447	14217	1510	15376	1571	17254
20	4125	20	4300	20	3400

3-29 分电压等级35千伏及

电压等级	2016年		2017年	
	座数（座）	铭牌容量（万千伏安）	座数（座）	铭牌容量（万千伏安）
总 计	**48387**	**529963**	**49714**	**552434**
1000千伏	18	9900	25	13800
750千伏	41	13570	43	14540
500千伏	633	116501	665	125133
330千伏	165	9766	185	10897
220千伏	4931	173784	5142	182906
110千伏(含66千伏)	21583	170667	22431	172342
35千伏	21016	35776	21223	32815

以上公用普通变压器情况

2018年		2019年		2020年	
座数（座）	铭牌容量（万千伏安）	座数（座）	铭牌容量（万千伏安）	座数（座）	铭牌容量（万千伏安）
50898	**585610**	**52281**	**621395**	**53922**	**661519**
25	14700	27	15300	29	18000
48	16820	52	18305	59	19785
704	135159	747	145599	784	154825
188	11293	199	12046	219	13456
5351	191699	5587	202124	5866	214681
23174	181922	23979	192858	24965	203787
21408	34018	21690	35163	22000	36985

3-30 分地区35千伏及

地区	2016年		2017年	
	换流站（座）	换流变容量（万千伏安）	换流站（座）	换流变容量（万千伏安）
全　国	**59**	**23746**	**71**	**33043**
北　京				
天　津				
河　北				
山　西			1	972
内蒙古	3	372	4	1725
辽　宁	2	1060	2	1060
吉　林				
黑龙江	1	179	1	179
上　海	7	1536	7	1536
江　苏	2	1158	4	3268
浙　江	8	1962	8	1962
安　徽				
福　建	2	212	2	212
江　西				
山　东	1	464	3	2831
河　南	2	1170	2	1170
湖　北	5	1575	5	1575
湖　南	1	340	2	1249
广　东				
广　西				
海　南				
重　庆				
四　川	4	2974	4	2974
贵　州				
云　南	2	947	2	721
西　藏	1	71	1	71
陕　西	1	357	1	357
甘　肃			1	990
青　海	1	71	1	71
宁　夏		1473	2	1473
新　疆	1	972	1	972
跨　区	15	6852	17	7674

以上换流变压器情况

2018年		2019年		2020年	
换流站（座）	换流变容量（万千伏安）	换流站（座）	换流变容量（万千伏安）	换流站（座）	换流变容量（万千伏安）
72	**34169**	**79**	**39115**	**95**	**46328**
				1	340
				3	600
1	972	1	972	1	972
5	1725	8	2948	5	4044
2	1060	2	1413	2	1060
1	179	1	179	1	179
7	1536	7	1536	7	1536
4	3268	4	3268	4	3268
8	1962	8	1962	8	1962
1	600	1	1409	1	1409
2	212	2	212	2	212
3	2831	3	2831	6	2831
2	1170	2	1170	3	1970
5	1575	7	2679	7	2679
2	1249	2	1249	2	1249
				6	47
4	2974	4	2974	4	2974
2	721	2	721	2	721
1	71	1	71	1	71
1	300	1	300	1	357
1	990	1	990	1	990
1	71	1	71	2	1067
2	1473	2	1473	2	1473
	972	2	2430	2	2430
17	8258	17	8258	21	11887

3-31　分电压等级35千伏及

电压等级	2016年		2017年	
	换流站（座）	换流变容量（万千伏安）	换流站（座）	换流变容量（万千伏安）
总　计	**59**	**23746**	**71**	**33043**
±1100千伏				2367
±800千伏	10	4882	22	10696
±660千伏	1		2	484
±500千伏	30	17567	33	18831
±400千伏	4		2	
±400千伏以下				

以上换流变压器情况

2018年		2019年		2020年	
换流站（座）	换流变容量（万千伏安）	换流站（座）	换流变容量（万千伏安）	换流站（座）	换流变容量（万千伏安）
72	**34169**	**79**	**39115**	**95**	**46328**
1	600	2	2867	2	2867
24	17361	26	22317	33	27690
3	1920	2	947	3	947
28	13353	31	10945	33	12738
2	141	4	1245	4	1245
14	794	14	794	20	841

3-32 分地区35千伏及以上

地区	2016年		2017年	
	座数（座）	铭牌容量（万千伏安）	座数（座）	铭牌容量（万千伏安）
全国	**20662**	**76273**	**20931**	**77632**
北京	205	981	201	984
天津	817	2004	835	2088
河北	1087	4796	1083	4804
山西	1436	5089	1449	5328
内蒙古	502	5045	500	4857
辽宁	920	3918	935	4070
吉林	304	782	318	847
黑龙江	627	1821	644	1876
上海	829	2570	863	2663
江苏	2309	8565	2342	8510
浙江	910	2552	922	2656
安徽	1233	2784	1267	2925
福建	251	1205	251	1203
江西	205	981	194	965
山东	2806	6264	2843	6611
河南	665	3644	661	3613
湖北	639	2550	651	2633
湖南	706	2093	723	2168
广东	401	1315	407	1386
广西	625	2658	625	2658
海南	47	179	47	179
重庆	314	936	337	973
四川	389	1747	420	1866
贵州	408	1701	347	1369
云南	464	1902	490	2071
西藏	6	4	6	4
陕西	315	1206	321	1212
甘肃	332	2109	345	2182
青海	215	1881	206	1918
宁夏	269	1173	268	1172
新疆	426	1818	430	1843
跨区				

企业自备变压器情况

2018年		2019年		2020年	
座数（座）	铭牌容量（万千伏安）	座数（座）	铭牌容量（万千伏安）	座数（座）	铭牌容量（万千伏安）
21267	**81346**	**21618**	**87323**	**22900**	**105046**
197	833	164	3099	142	506
858	2092	879	2155	878	4450
1083	4841	1081	4993	1052	5780
1458	6003	1472	5461	1504	5777
526	5262	551	5405	621	5987
958	4304	971	4488	951	4516
319	875	314	862	322	1132
664	2055	669	2070	696	2196
901	2760	939	2993	970	3174
2318	8123	2312	7849	2573	10110
938	2844	962	2949	990	3218
1300	3224	1316	3466	1340	3928
285	1357	340	1805	357	1957
191	950	157	814	312	1491
2890	7062	2928	7129	2972	10375
656	3581	667	3627	685	4220
631	2573	698	2794	713	2754
728	2192	733	2364	700	2338
404	1307	418	2299	418	2299
625	2658	628	3427	649	3633
45	178	45	178	45	178
336	1021	333	1042	351	1260
458	1994	479	2126	711	2849
436	2344	479	2427	527	3151
493	2157	495	2232	550	2351
6	4	6	4	6	4
306	1290	310	1386	291	1339
345	2261	349	2339	468	2514
208	2159	212	2283	265	2809
274	1127	277	1217	331	5576
430	1918	434	2038	510	3173

3-33　分电压等级35千伏及以上

电压等级	2016年		2017年	
	座数(座)	铭牌容量(万千伏安)	座数(座)	铭牌容量(万千伏安)
总　计	**20662**	**76273**	**20931**	**77632**
1000千伏				
750千伏				
500千伏	8	627	6	375
330千伏	32	1554	40	1716
220千伏	993	19816	997	20253
110千伏(含66千伏)	6129	36759	6298	37460
35千伏	13500	17518	13590	17828

企业自备变压器情况

2018年		2019年		2020年	
座数（座）	铭牌容量（万千伏安）	座数（座）	铭牌容量（万千伏安）	座数（座）	铭牌容量（万千伏安）
21267	**81346**	**21618**	**87323**	**22900**	**105046**
		1	210		
4	363	3	307	4	339
44	1832	48	2016	70	2315
1060	21789	1127	23977	1417	29055
6467	38273	6699	42220	7346	46499
13691	18879	13740	18594	14063	26837

3-34 分地区35千伏及以上

地区	2016年		2017年	
	组数（组）	铭牌容量（万千伏安）	组数（组）	铭牌容量（万千伏安）
全国	**15343**	**124149**	**16792**	**128207**
北京	65	1016	71	1033
天津	130	1902	130	1902
河北	518	5756	541	5946
山西	567	8751	650	9091
内蒙古	360	3666	410	3861
辽宁	410	4987	433	5068
吉林	342	3369	370	3543
黑龙江	444	3407	536	3652
上海	191	2813	192	2815
江苏	737	5461	802	5434
浙江	970	9298	1079	9548
安徽	270	3739	373	4068
福建	670	4199	680	4297
江西	381	3262	401	3340
山东	1463	6945	1833	7308
河南	288	6633	307	6672
湖北	413	915	424	955
湖南	694	4091	718	4176
广东	1308	6153	1290	6023
广西	896	4105	1135	4256
海南	105	993	87	994
重庆	217	2506	262	2541
四川	552	6541	557	6597
贵州	344	7933	359	8133
云南	1410	6086	1506	6512
西藏	58	110	58	110
陕西	103	1839	109	1842
甘肃	1151	4243	1152	4252
青海	103	842	106	851
宁夏	62	2111	62	2111
新疆	121	478	159	1273
跨区				

电厂升压站变压器情况

2018年		2019年		2020年	
组数（组）	铭牌容量（万千伏安）	组数（组）	铭牌容量（万千伏安）	组数（组）	铭牌容量（万千伏安）
17450	**129967**	**18608**	**151602**	**19235**	**163532**
74	1269	88	1430	91	1467
4	67	130	1902	119	1695
589	6315	639	6722	730	7939
745	9699	809	10096	950	11098
428	3954	469	4336	482	4453
461	5340	499	5670	560	6210
409	3698	420	3751	425	3741
564	3827	589	3921	640	4248
227	2972	242	3045	254	3057
933	5721	934	5722	680	6608
1117	9868	1178	9901	1290	10089
382	4117	409	4139	292	5246
678	4301	726	4580	803	4777
401	3340	424	3477	478	4039
1968	7371	2051	8601	1113	8944
327	7026	339	7144	449	8378
427	892	429	905	367	900
736	4291	730	4411	1222	4955
1276	5536	1504	15895	1504	15895
1175	4435	1255	4568	1486	5518
90	1069	90	1069	169	1156
274	2819	283	3004	291	2986
564	6558	562	6565	1169	9388
389	8390	426	8703	521	9372
1666	7153	1729	7591	1821	7621
54	85	54	85	54	91
47	1658	90	4384	136	4149
1157	4269	1185	4713	824	4709
102	862	121	865	91	652
62	2111	76	3454	146	2485
124	953	128	953	78	1665

3-35 分电压等级35千伏及以上

电压等级	2016年		2017年	
	组数(组)	铭牌容量(万千伏安)	组数(组)	铭牌容量(万千伏安)
总计	**15343**	**124149**	**16792**	**128207**
1000千伏				
750千伏	27	1374	27	1374
500千伏	843	44862	872	45195
330千伏	139	4075	138	4075
220千伏	2523	53428	2622	55398
110千伏(含66千伏)	4044	15658	4407	17148
35千伏	7767	4752	8726	5017

电厂升压站变压器情况

2018年		2019年		2020年	
组数（组）	铭牌容量（万千伏安）	组数（组）	铭牌容量（万千伏安）	组数（组）	铭牌容量（万千伏安）
17450	**129967**	**18608**	**151602**	**19235**	**163532**
				2	200
27	1374	48	2467	29	2436
919	46134	1023	50820	1043	53543
133	3931	210	5572	177	5614
2658	55479	2869	60918	3280	67307
4666	17897	5027	26191	5749	29183
9047	5153	9431	5634	8955	5249

3-36 分地区无功

地区	2016年			2017年		
	小计	电力企业	用户自备	小计	电力企业	用户自备
全国	**149992**	**133080**	**16911**	**144145**	**130139**	**14006**
北京	2086	2025	61	2249	2147	102
天津	2192	1704	487	2342	1813	529
河北	8758	7490	1268	8783	7415	1368
山西	2266	1732	534	4912	4362	549
内蒙古	5320	4894	426	3795	3073	722
辽宁	4286	3561	725	4942	4124	818
吉林	1243	1095	148	1347	1193	155
黑龙江	1982	1583	399	2050	1649	401
上海	3327	2785	542	3615	2995	620
江苏	12519	11212	1306	14551	13040	1511
浙江	7639	7033	606	8508	7855	653
安徽	2058	1737	322	3506	3146	359
福建	3106	2971	136	3298	3161	138
江西	4713	4506	206	2901	2686	215
山东	8027	6721	1306	9855	8528	1327
河南	23686	19225	4461	6572	6074	498
湖北	3418	2952	466	3568	3058	510
湖南	3384	3249	135	3969	3831	138
广东	9645	9645		11542	11542	
广西	1102	818	284	1194	883	311
海南	335	276	59	335	276	59
重庆	2237	1973	265	2440	2189	251
四川	5605	5018	588	5975	5328	647
贵州	2582	2055	528	2723	2223	499
云南	2968	2796	172	3010	2839	171
西藏	116	116		418	418	
陕西	2183	1958	225	2385	2160	225
甘肃	3401	2968	433	4574	4133	441
青海	2696	2500	196	2207	2158	49
宁夏	7091	6736	355	5589	5262	327
新疆	3873	3598	275	3919	3508	410
跨区	6149	6149		7069	7069	

补偿设备情况

单位: 万千乏

2018年			2019年			2020年		
小计	电力企业	用户自备	小计	电力企业	用户自备	小计	电力企业	用户自备
203481	**186568**	**16913**	**164248**	**145185**	**19063**	**182827**	**160953**	**21874**
2616	2514	102	4398	3650	747	1589	819	770
2403	1900	503	2664	2096	568	2490	2037	453
9271	7833	1438	10366	8906	1459	14895	13371	1524
5409	4754	654	7504	6484	1021	6964	6058	906
66484	65674	810	5311	4442	869	4674	3849	825
4998	4150	848	4934	4258	675	5012	4327	685
3635	1290	2345	3932	1406	2526	1079	947	132
2006	1604	402	2067	1658	409	1147	648	499
3857	3173	684	4027	3285	742	4292	3294	998
9301	8128	1173	14738	13173	1565	20394	15340	5054
8945	8208	736	8945	8208	736	10069	9415	655
2339	1978	361	2339	1978	361	6942	5414	1528
3606	3439	167	3926	3629	297	4196	3868	328
3151	2932	218	3239	3054	185	2214	2057	157
10292	8920	1373	12578	11088	1490	15327	13576	1752
6866	6340	526	6808	6231	577	9292	8948	344
3706	3157	549	4543	3904	639	4210	3777	433
3576	3458	118	3926	3806	121	4319	4253	66
8131	8131		9890	9890		12230	12096	133
1184	862	321	1521	879	643	1573	862	711
669	566	103	324	324		374	374	
2491	2236	256	2717	2456	261	2683	2377	307
6122	5455	668	6191	5504	687	7351	6101	1250
2383	1893	490	1806	1235	571	2324	1366	958
3339	3154	185	3408	3224	184	3629	3444	185
463	463		529	529		716	702	14
1696	1559	136	2506	2333	173	2273	1904	369
4679	3976	702	4907	4239	668	5293	4899	393
2628	2302	326	2578	2529	49	3427	3238	189
5779	5472	306	6380	5902	478	5849	5849	
4387	3975	412	8176	7817	360	8146	7888	258
7069	7069		7069	7069		7855	7855	

主要统计指标解释

1.**供电量**：指供电供应单位在报表期内提供的可用于供电生产活动投入的电量，反应电力企业在统计期内的电力供应能力。

某区域全部供电量 = 本区域所有发电厂对本区域电网上网电量+企业自备电厂自发自用电量+输入本区域电量-本区域输出电量

2.**售电量**：指电力企业出售给用户或其他电力企业的可供消费或生产投入的电量，售电量按销售方式分为趸售电量与直供电量。

3.**线损电量**：指在电能的输送、分配、管理等环节中所造成的损失电量。

线损电量=供电量-售电量

4.**线损率**：指在供电生产过程中耗用和损失的电量占供电量的比率，是反映用电管理与技术管理工作水平的综合性技术经济指标。

$$线路损失率(\%)=\frac{线路损失电量}{供电量}\times 100\%$$

5.**输出电量**：以行政区域范围界定，指流出所在行政区域范围的电量。

6.**升压变压器容量**：指通过升压变压器将电厂发电机出口电压升高，把电能输往电网和高压用户的变压器容量。

7.**普通变压站座数**：指属于供电企业产权的降压变变电站的座数。

8.**普通变压器容量**：指属于供电企业产权的降压变的容量。

9.**自备变压站座数**：指不属于供电企业产权的降压变电站的座数。

10.**换流站座数**：指高压直流换流站的座数。

11.**换流变压器容量**：指直流输电系统中换流站内将电能从交流系统传输给换流桥或相反传输的变压器容量。

12.**用户个数**：指依法与供电企业建立供用电关系的组织或个人，不同用电地址视为不同用户。用电客户的数量即为用户个数。

13.**用户用电装接容量**：指各类用户已经实际装置的用电设备容量，计量单位为“千瓦”。对于因个数太多而难以掌握其个数和容量情况（如用户灯头太多时难以掌握其灯头数和容量的情况），可按电度表的安培数乘以电压，再按功率因数折算为有功容量千瓦。

14.**全行业用电量**：指报告期内国民经济各行业对电力的消费总量，包括第一产业用电量、第二产业用电量和第三产业用电量。

4

电力投资

4-1 电力建设本年投资完成情况

单位: 万元

项　　目	2016年	2017年	2018年	2019年	2020年
全　国	**88398617**	**82387235**	**81609586**	**82950030**	**101887470**
一、电源投资	**34083732**	**28998394**	**27871417**	**32832718**	**52924357**
水电	6171433	6216184	7002561	8387272	10670182
其中: 抽水蓄能	842336	1419891	1624779	1720815	2380584
火电	11192772	8577120	7864177	6337501	5676658
其中: 燃煤	9731986	7062506	6443114	5062824	4003760
燃气	1456302	1443278	1415968	1042352	1153936
燃油					
其他	4484	71336	5094	232325	416868
核电	5040673	4542153	4471618	3823984	3794978
风电	9266583	6810730	6461876	12443671	26531184
太阳能发电	2412271	2852208	2071185	1840289	6251356
其他					
二、电网投资	**54314885**	**53388841**	**53738169**	**50117312**	**48963113**
送变电	52815092	51351751	51332415	47793236	47206622
其中: 直流工程	4947549	8589331	5204685	2494928	5323282
交流工程	47867543	42762421	46127730	45298308	41883339
其他	1499792	2037090	2405754	2324077	1756491

4-2 电力建设本年投资完成情况(建筑工程)

单位: 万元

项目	2016年	2017年	2018年	2019年	2020年
全国	**14585267**	**13663843**	**14436958**	**14573995**	**18925068**
一、电源投资	**7596905**	**6408756**	**6576563**	**7839716**	**12568875**
水电	2644476	2419185	3007237	2906984	3356113
其中: 抽水蓄能	367918	546311	820734	857629	1087808
火电	2510254	1796036	1500831	1367769	1262975
其中: 燃煤	2262248	1510200	1301606	1131421	856981
燃气	246513	270994	197021	177458	225448
燃油					
其他	1493	14843	2204	58889	180546
核电	648302	556450	409290	571768	578863
风电	1299955	1192557	1218215	2654454	6418157
太阳能发电	493917	444529	440991	338741	952767
其他					
二、电网投资	**6988362**	**7255086**	**7860394**	**6734280**	**6356193**
送变电	6596532	6696742	7118312	6083696	5953680
其中: 直流工程	630677	681994	708477	319921	576959
交流工程	5965855	6014748	6409835	5763775	5376721
其他	391830	558344	742082	650583	402513

4-3 电力建设本年投资完成情况(安装工程)

单位: 万元

项目	2016年	2017年	2018年	2019年	2020年
全国	**23994991**	**22800374**	**23227604**	**22552969**	**22947119**
一、电源投资	**3560408**	**2709275**	**2728503**	**2860868**	**4733561**
水电	149750	160192	94760	163316	226681
其中: 抽水蓄能	47939	39440	42205	52175	94408
火电	1904619	1259220	1325893	1103148	929486
其中: 燃煤	1796197	1092735	1156808	913622	718443
燃气	108389	155543	169085	169633	182516
燃油					
其他	32	10942		19894	28527
核电	564323	428377	459498	445629	443054
风电	721905	619817	504914	813856	2284740
太阳能发电	219811	241669	343437	334919	849601
其他					
二、电网投资	**20434583**	**20091099**	**20499102**	**19692101**	**18213558**
送变电	20395944	19815703	20018276	19197157	17768604
其中: 直流工程	1412048	2470803	1886608	1355678	1547219
交流工程	18983896	17344901	18131668	17841478	16221385
其他	38639	275395	480825	494944	444954

4-4 电力建设本年投资完成情况(设备工器具购置)

单位: 万元

项　　目	2016年	2017年	2018年	2019年	2020年
全　国	**33899394**	**30468539**	**27827948**	**27024171**	**38421821**
一、电源投资	**15457566**	**12233043**	**10688823**	**12473030**	**23042060**
水电	620857	554807	778553	732407	1034036
其中: 抽水蓄能	104252	144753	207556	165757	367401
火电	5204587	4107831	3479956	2541050	2180150
其中: 燃煤	4254136	3254163	2742636	1999345	1560892
燃气	948301	823250	735266	440056	503748
燃油					
其他	2151	30418	2054	101649	115510
核电	1873475	1594243	1325462	1536326	1130425
风电	6273604	4090108	4028576	6917974	15167496
太阳能发电	1485043	1886054	1076276	745272	3529953
其他					
二、电网投资	**18441829**	**18235496**	**17139125**	**14551142**	**15379761**
送变电	18415807	17750797	16378095	13906746	14758165
其中: 直流工程	2380277	4716814	2345722	579068	2535307
交流工程	16035530	13033983	14032373	13327679	12222857
其他	26021	484699	761031	644395	621596

4-5 电力建设本年投资完成情况(其他费用)

单位: 万元

项　　目	2016年	2017年	2018年	2019年	2020年
全　国	**15918963**	**15454479**	**16117076**	**18798894**	**21219121**
一、电源投资	**7468853**	**7647319**	**7877528**	**9659104**	**12205520**
水电	2756350	3081999	3122011	4584565	5799003
其中: 抽水蓄能	322227	689387	554283	645254	830966
火电	1573311	1414033	1557496	1325534	1201677
其中: 燃煤	1419404	1205409	1242064	1018436	867169
燃气	153099	193491	314596	255205	242224
燃油					
其他	808	15133	836	51893	92285
核电	1954573	1963083	2277367	1270261	1642637
风电	971119	908248	710172	2057387	2660791
太阳能发电	213500	279956	210482	421358	901412
其他					
二、电网投资	**8450110**	**7807160**	**8239547**	**9139790**	**9013601**
送变电	7406809	7088509	7817732	8605636	8726173
其中: 直流工程	524547	719720	263878	240261	663797
交流工程	6882263	6368789	7553854	8365375	8062376
其他	1043301	718651	421815	534154	287428

4-6 分地区电源建设本年投资完成情况(合计)

单位: 万元

地 区	2016年	2017年	2018年	2019年	2020年
全 国	**34083732**	**28998394**	**27871417**	**40853187**	**52924357**
北 京	193974	205606	85208	38093	32790
天 津	439320	232713	226504	220385	258206
河 北	1909375	2119036	1594888	1991285	2846585
山 西	1145342	866505	524306	838833	2063158
内蒙古	1364819	1102822	973722	1610037	2753148
辽 宁	828816	1151852	1197817	1184202	1632208
吉 林	350513	310200	452644	364284	606321
黑龙江	567098	373310	259515	261199	426745
上 海	189097	148309	355004	110775	177699
江 苏	3089234	2718824	3023094	2998276	5218634
浙 江	813826	1265566	1195878	986151	2267630
安 徽	728279	830175	842611	655360	809648
福 建	1878120	1602094	1588946	1945019	2034920
江 西	548275	490242	356486	623912	846056
山 东	2286205	1749801	1493591	1682583	2623554
河 南	632965	755073	1141922	1230582	2443317
湖 北	1086612	891050	703048	456878	715054
湖 南	176010	321994	251228	509958	1138994
广 东	2556668	2572149	2612636	2926246	4560471
广 西	1030190	582243	839525	1115232	2068916
海 南	271504	109391	159529	142559	257662
重 庆	307674	254417	142628	114476	258377
四 川	3099169	3713675	3838915	3718119	5085269
贵 州	564807	648820	217548	390145	1618602
云 南	2644671	1143641	827287	2562721	2914095
西 藏	290213	187146	158814	200152	242416
陕 西	1012026	733985	710747	1307869	2071443
甘 肃	444784	359242	311015	335992	271635
青 海	447192	255346	389913	552876	2060902
宁 夏	1653324	891327	442925	696243	832602
新 疆	1533629	411840	953524	1062274	1551472

4-7 分地区电源建设本年投资完成情况(水电)

单位: 万元

地 区	2016年	2017年	2018年	2019年	2020年
全 国	**6171433**	**6216184**	**7002561**	**9050141**	**10670182**
北 京					
天 津					
河 北	88002	144432	191940	225116	260487
山 西					53934
内蒙古	12457	6600	23178	22638	37636
辽 宁	1000	65000	71500	60000	115000
吉 林	137755	180169	271774	236728	201500
黑龙江	40951	58002	50008	58502	97004
上 海					
江 苏	2000	79427	67012	74000	88000
浙 江	74559	203314	207109	238472	372384
安 徽	237506	117625	185409	176099	230996
福 建	5990	107364	127643	132679	168969
江 西	79395	10051	15426		
山 东	84046	112126	152230	153307	264984
河 南	33374	79202	96635	111130	130002
湖 北	53002	85409	128426	72395	55254
湖 南	9282	27603	40155	42545	84109
广 东	156411	144978	170032	180437	248950
广 西	39243	18657	2999	4938	
海 南	72751	88086	24762	13299	14000
重 庆	86933	121325	62050	54500	60000
四 川	2683598	3244269	3685850	3431757	4361142
贵 州	39511	61103	6350	11963	4821
云 南	1799710	885731	784609	2386250	2776455
西 藏	278093	158855	145293	200152	239661
陕 西	83348	84685	107317	113023	178779
甘 肃	39100	25314	11885	9356	4920
青 海					26786
宁 夏					
新 疆	33416	106858	372971	377987	340062

4-8　分地区电源建设本年投资完成情况(火电)

单位: 万元

地　区	2016年	2017年	2018年	2019年	2020年
全　国	**11192772**	**8577120**	**7864177**	**7804278**	**5676658**
北　京	191538	204620	59433	32542	14763
天　津	417392	171465	163165	176049	179820
河　北	829452	839652	493900	533524	347552
山　西	214957	97103	39981	27061	218824
内蒙古	913505	663184	556814	657069	695633
辽　宁	330095	366517	281774	177969	126962
吉　林	94206	91781	78037	3225	35724
黑龙江	342370	172422	97788	63083	52757
上　海	10771	134603	178004	42878	137187
江　苏	873337	605585	645129	329002	203796
浙　江	158320	126723	172376	273451	284191
安　徽	249655	382874	493365	252138	208521
福　建	689018	298057	227976	89581	30832
江　西	254227	207281	103948	41915	101792
山　东	997002	407115	540894	658181	270502
河　南	376425	226619	649472	201026	237989
湖　北	495813	386177	262518	123109	248437
湖　南		59219	26533	54751	261986
广　东	692886	953666	1197612	811862	642548
广　西	253567	14541			100074
海　南			45982	122075	243314
重　庆	170371	13625			
四　川		236741			120187
贵　州	249758	332997	7937	44557	8141
云　南				74197	9149
西　藏					
陕　西	226970	235854	310773	494737	290961
甘　肃	366568	299264	299130	235243	140148
青　海	128446				546
宁　夏	1283997	751588	415910	224150	81737
新　疆	382127	297848	515725	594125	280491

4-9 分地区电源建设本年计划投资完成情况(合计)

单位: 万元

地 区	2016年	2017年	2018年	2019年	2020年
全 国	**36529568**	**31703059**	**28590936**	**39354647**	**51630672**
北 京	202777	209863	88457	39283	41499
天 津	465000	305904	277470	261597	295195
河 北	2073147	2152792	1932006	1320642	2604554
山 西	1083963	1064471	434162	694739	1735978
内蒙古	1525789	1097173	1133846	2186669	2941337
辽 宁	1065467	1489875	1584477	1511063	1921192
吉 林	359383	320180	470554	361007	590975
黑龙江	577623	342159	304490	255969	448506
上 海	188788	143477	332595	110775	256778
江 苏	3269292	2759297	2787692	3202728	4996054
浙 江	923374	1426469	1293649	1010884	2390210
安 徽	750500	827848	924113	661332	787370
福 建	1959048	1999628	1743297	4381810	1992376
江 西	578552	547466	388814	567969	829430
山 东	2454804	1840172	1187077	1632246	2839714
河 南	664502	817168	770027	2160728	2309840
湖 北	1234613	1039341	695990	1050732	1200028
湖 南	205211	408101	253211	517836	1049368
广 东	2748074	2812418	2601232	2919146	3589949
广 西	1298852	646071	898786	1263463	2050977
海 南	275770	109759	176400	148800	270242
重 庆	322496	237936	138833	189630	251850
四 川	3254501	4276621	4130565	3756384	4801455
贵 州	461407	569132	214737	1589084	1674832
云 南	2983392	1172771	793838	2677215	2625926
西 藏	283380	196814	165238	204787	245198
陕 西	1045777	845518	721209	1285420	2024111
甘 肃	453280	465014	273515	321044	299325
青 海	473551	183224	412152	390711	2395535
宁 夏	1571608	981331	513747	816102	737296
新 疆	1775648	415066	948755	1864852	1433572

4-10 电源建设累计完成投资(合计)

单位: 万元

地 区	2016年	2017年	2018年	2019年	2020年
全 国	**159083696**	**131915536**	**138752722**	**133242868**	**173915604**
北 京	864584	990343	792018	699548	253162
天 津	819146	1056883	1275473	708366	639701
河 北	4163792	4490403	4686376	5954919	7651864
山 西	2440780	2176372	1535445	2282991	5457344
内蒙古	4759820	3574517	3495066	4277487	6565446
辽 宁	7558836	2791288	3809881	4229908	6069896
吉 林	1050741	1203490	1614777	1546291	2521371
黑龙江	1440485	1108816	1087347	1060118	1817267
上 海	521766	448358	741474	512772	698956
江 苏	7237617	8356949	9357702	7417436	12168575
浙 江	5377973	6631933	7217930	2646233	4281324
安 徽	2335014	1985535	2139712	1769211	3079549
福 建	10533942	6617571	7153049	7047741	8270438
江 西	1739496	2241961	2316326	1007575	2617457
山 东	8479695	6402842	6466892	7438833	15331899
河 南	1753211	2305628	3301665	3688464	6049006
湖 北	2108636	1948315	2071980	2271681	2087116
湖 南	263393	584143	710871	1067331	3688611
广 东	18367071	19631634	22067283	24404277	11257028
广 西	8940671	4761601	4812731	5777686	5367571
海 南	2600087	348094	515982	591347	862668
重 庆	3166572	1675631	535222	356501	583465
四 川	32706740	31458042	31572327	20639085	28945983
贵 州	1942004	1594418	584915	1330099	4091200
云 南	13734128	8768086	8645696	12810885	11775648
西 藏	1359046	754854	834818	1011244	1333656
陕 西	2419490	1842902	1990441	2812057	4382971
甘 肃	1471484	1478362	1031907	810807	991036
青 海	1285347	373900	789846	1033834	7642409
宁 夏	3392065	2737402	2348075	2510017	1711061
新 疆	4250067	1575262	3249497	3528122	5721922

4-11 电源建设累计完成投资(水电)

单位: 万元

地 区	2016年	2017年	2018年	2019年	2020年
全 国	**58405471**	**51085852**	**53523847**	**47830412**	**58126301**
北 京					
天 津					
河 北	333654	484067	680936	906051	1166538
山 西					87046
内蒙古	669084	85818	36996	59634	97270
辽 宁	30146	95146	166646	226646	341646
吉 林	643295	823464	1099896	1336624	1538124
黑龙江	187491	178161	228169	286671	383675
上 海					
江 苏	15811	95238	162250	236250	324250
浙 江	533413	772884	996104	1234576	1093584
安 徽	657556	501944	687353	863452	1107009
福 建	25685	168190	288326	389778	540271
江 西	493193	503244	518669		
山 东	181744	293870	450562	603869	889117
河 南	104895	196291	305288	416418	499200
湖 北	72657	158026	286453	358848	414101
湖 南	9933	49809	89964	132509	1422870
广 东	1624066	1099798	1247472	1427909	1676858
广 西	3778480	3217981	2920352	2925290	
海 南	238703	326790	351551	364850	378850
重 庆	2326502	1112374	317438	220866	280866
四 川	32142967	30570260	31147744	20086201	26881132
贵 州	117812	366953	84416	92187	1033138
云 南	11893145	8136767	8462500	12452409	10936580
西 藏	1328113	726252	812663	1011244	1264643
陕 西	205031	289716	335184	448207	688512
甘 肃	584581	609895	191553	200935	115908
青 海					3128104
宁 夏					
新 疆	207512	222913	1655364	1548989	1837009

4-12 电源建设累计完成投资(火电)

单位: 万元

地 区	2016年	2017年	2018年	2019年	2020年
全 国	**31890838**	**28475027**	**30251449**	**29011352**	**30965605**
北 京	786338	989357	766244	668291	203193
天 津	796847	970835	1168109	650005	446006
河 北	2101418	2219299	2258726	2593039	2447890
山 西	752943	580052	315161	342222	1411209
内蒙古	3156205	2524692	2499748	2893752	2733333
辽 宁	621177	1033930	1485073	1054014	1165337
吉 林	202111	293891	371928	85336	346429
黑龙江	856290	641747	602646	566372	619198
上 海	318502	434652	564474	316138	644887
江 苏	2052380	1601184	1710183	1751052	1136109
浙 江	201606	329822	564139	508909	792979
安 徽	1301290	1057087	1211972	598995	980279
福 建	1396329	1752002	1365531	1455111	1104914
江 西	964571	1200174	1276658	68660	535022
山 东	2944787	1786064	1625383	2132362	1747633
河 南	1297638	1349226	2039475	1681484	2189182
湖 北	1205328	1100877	1258180	1403962	665847
湖 南		176833	203366	258117	570874
广 东	1519369	2128501	3323647	3533480	4098252
广 西	903713	109946			255319
海 南			46785	168058	447748
重 庆	766426	369764			
四 川		400011		13347	652222
贵 州	1351380	735541	192684	693172	679454
云 南				94885	103974
西 藏					
陕 西	923562	568673	967734	1158982	1081662
甘 肃	533943	830206	840354	518479	682197
青 海	782970				487235
宁 夏	2447227	2513600	2208829	1965536	385428
新 疆	1706488	777058	1384418	1837588	2351793

4-13 分地区新增发电装机容量(合计)

单位: 万千瓦

地 区	2016年	2017年	2018年	2019年	2020年
全 国	**12143**	**13019**	**12785**	**10500**	**19144**
北 京	32	121	56	37	24
天 津	143	22	319	165	147
河 北	631	698	840	780	1720
山 西	793	423	822	445	1225
内蒙古	473	392	413	658	1413
辽 宁	147	110	193	113	302
吉 林	84	125	189	111	170
黑龙江	139	248	213	164	301
上 海	45	36	128	146	30
江 苏	645	1410	1258	791	996
浙 江	496	773	859	297	421
安 徽	503	965	724	343	446
福 建	338	524	210	155	332
江 西	400	280	402	195	620
山 东	1281	1657	758	808	1708
河 南	387	887	956	665	1091
湖 北	376	449	365	531	420
湖 南	135	274	296	181	316
广 东	300	196	894	898	1041
广 西	798	139	216	140	544
海 南	66	23	56	53	98
重 庆	154	118	91	51	52
四 川	489	780	280	125	551
贵 州	359	80	26	234	715
云 南	289	174	393	133	373
西 藏	60	48	13	26	66
陕 西	450	532	607	740	1096
甘 肃	152	227	130	108	350
青 海	319	226	321	338	836
宁 夏	574	525	372	600	676
新 疆	1085	560	385	469	1062

4-14 分地区新增发电装机容量(水电)

单位: 万千瓦

地 区	2016年	2017年	2018年	2019年	2020年
全 国	**1179**	**1287**	**859**	**445**	**1313**
北 京					
天 津					
河 北		2			0.3
山 西					0.1
内蒙古		1			
辽 宁					0.1
吉 林		5		60	69
黑龙江		2	3	4	2
上 海					
江 苏		150			
浙 江	177	12	7	30	3
安 徽	5	16	2	36	136
福 建	6	41	22	8	13
江 西	121	11	16	35	12
山 东					
河 南			2.5	5	
湖 北	13	8	6	6	65
湖 南	27	32	29	51	23
广 东	96	35	90		
广 西	14		5	29	69
海 南		20	40		
重 庆	11	74	14	6	4
四 川	308	602	155	27	413
贵 州	9	31		5	13
云 南	180	115	392	92	340
西 藏	41	2	1	14	39
陕 西	15	70	4	11	29
甘 肃	9	7	61	15	13
青 海	46	4	1		1
宁 夏					0.04
新 疆	98	47	10	10	70

4-15 分地区新增发电装机容量(火电)

单位: 万千瓦

地 区	2016年	2017年	2018年	2019年	2020年
全 国	**5048**	**4453**	**4380**	**4423**	**5660**
北 京	6	106	41	26	9
天 津	95	0.2	229	130	94
河 北	170	139	205	306	361
山 西	374	46	297	72	284
内蒙古	366	229	67	410	423
辽 宁	1	46	105	2	98
吉 林	11		51		4
黑龙江	59	128	36	88	180
上 海	11	6	96	114	1
江 苏	380	744	374	456	168
浙 江	64	106	163	48	212
安 徽	301	148	353	140	61
福 建	33	225	74	43	174
江 西	115	0.2	205	0.3	256
山 东	883	821	145	214	621
河 南	102	325	422	261	246
湖 北	122	120	112	324	188
湖 南	9	12	33	19	5
广 东	60		484	480	741
广 西	528	51	119	11	49
海 南				46	98
重 庆	132	18	31	5	16
四 川	30	23	30	25	35
贵 州	318			105	6
云 南					5
西 藏	3				
陕 西	149	126	389	430	584
甘 肃	40	112	4		204
青 海	113	27			0.2
宁 夏	180	432	101	367	133
新 疆	394	462	214	298	403

4-16 分地区新增发电装机容量(风电)

单位: 万千瓦

地 区	2016年	2017年	2018年	2019年	2020年
全 国	**2024**	**1720**	**2127**	**2572**	**7211**
北 京	7	0.3			5
天 津		11	28	13	32
河 北	228	107	246	238	642
山 西	173	96	196	214	720
内蒙古	81	88	215	124	843
辽 宁	14	20	50	78	147
吉 林	22	5	9	41	39
黑龙江	66	29	31	12	76
上 海	20			11	1
江 苏	95	130	197	176	506
浙 江	27	15	26	15	27
安 徽	45	43	24	30	134
福 建	62	69	56	82	109
江 西	27	53	62	61	208
山 东	111	191	94	213	440
河 南	34	135	238	327	724
湖 北	83	67	81	76	91
湖 南	86	50	100	71	241
广 东	16	29	2	31	111
广 西	35	82	61	90	354
海 南					
重 庆	10	14	19	18	28
四 川	68	126	47	66	100
贵 州	32	31	15	78	149
云 南	97	53	0.4	7	26
西 藏					
陕 西	91	132	59	117	344
甘 肃	25	5		12	76
青 海	30	110	112	195	379
宁 夏	177		84	110	260
新 疆	262	30	74	65	399

4-17 分地区新增发电装机容量(太阳能发电)

单位: 万千瓦

地 区	2016年	2017年	2018年	2019年	2020年
全 国	**3171**	**5341**	**4525**	**2652**	**4820**
北 京	18	15	15	11	11
天 津	48	11	61	23	21
河 北	232	450	389	236	715
山 西	246	280	329	158	220
内蒙古	26	74	132	123	147
辽 宁	21	43	37	34	56
吉 林	52	115	129	9	59
黑龙江	14	89	143	59	44
上 海	15	29	32	20	28
江 苏	170	386	452	159	198
浙 江	228	639	412	205	178
安 徽	153	758	345	137	116
福 建	20	79	58	22	33
江 西	137	216	120	99	144
山 东	286	645	393	256	647
河 南	250	428	294	72	121
湖 北	158	254	166	125	76
湖 南	13	180	135	40	47
广 东	19	23	34	104	189
广 西	4	6	30	10	72
海 南	1	3	16	7	0
重 庆	1	13	27	22	4
四 川	83	30	48	7	3
贵 州		19	11	45	547
云 南	12	6	1	33	2
西 藏	16	47	12	12	27
陕 西	194	203	155	182	139
甘 肃	78	102	65	81	57
青 海	131	85	208	142	457
宁 夏	217	93	187	123	282
新 疆	330	21	87	96	180

4-18 分地区电源

地区	2016年		2017年	
	台数	容量	台数	容量
全 国	**15230**	**36740**	**13225**	**35959**
北 京	31	180	40	174
天 津	82	460	156	386
河 北	1661	1987	1591	2268
山 西	1150	1033	1171	865
内蒙古	738	1593	659	1260
辽 宁	341	1224	512	926
吉 林	164	401	100	450
黑龙江	296	529	238	536
上 海	40	126	8	201
江 苏	699	2162	918	2608
浙 江	161	1034	174	1627
安 徽	319	1223	350	1814
福 建	327	1859	398	1718
江 西	373	772	577	579
山 东	948	2706	842	2922
河 南	402	804	740	1468
湖 北	666	994	393	913
湖 南	302	171	339	683
广 东	348	2755	295	2691
广 西	634	1152	730	483
海 南	5	191	3	63
重 庆	139	308	143	259
四 川	537	4435	659	5591
贵 州	382	479	421	399
云 南	1156	2405	402	695
西 藏	35	174	8	153
陕 西	919	929	763	859
甘 肃	16	739	14	544
青 海	105	441	142	239
宁 夏	541	1782	251	1239
新 疆	1713	1692	188	1345

项目建设规模

单位：台，万千瓦

2018年		2019年		2020年	
台数	容量	台数	容量	台数	容量
12235	**33992**	**16970**	**32774**	**21428**	**36699**
37	75	27	194	82	39
152	536	58	286	66	210
1573	2402	1874	2201	2063	2744
965	1038	1088	604	1004	1602
624	1263	1321	1838	1955	3001
541	1078	624	918	729	1018
24	609	114	487	382	573
258	501	298	466	375	490
35	238	35	147	2	160
853	2249	915	1667	1340	1642
177	1687	349	1221	385	1593
209	1301	344	685	332	1051
329	1250	702	1544	520	1402
567	503	725	330	586	652
641	2025	940	2126	1060	2469
913	1626	1546	1603	1865	1514
421	815	356	837	471	646
328	676	467	595	631	913
331	2916	724	3492	1129	3043
688	556	1038	1016	1460	1116
7	171	7	258	11	302
141	233	160	195	188	198
666	4881	633	3047	734	2824
347	227	385	384	324	805
128	606	247	2002	164	1498
8	115	7	128	7	132
549	1367	720	1502	949	1456
7	406	77	319	167	380
234	377	399	394	591	898
249	1132	494	988	1103	689
233	1134	296	1297	753	1637

4-19 分地区电源项目

地 区	2016年		2017年	
	台数	容量	台数	容量
全 国	**6050**	**8082**	**3965**	**5825**
北 京	3	25		5
天 津	75	15	33	42
河 北	886	445	307	347
山 西	295	89	521	335
内蒙古	189	389	76	143
辽 宁	100	343	198	144
吉 林	83	20	2	23
黑龙江	199	39		12
上 海	28	10	1	45
江 苏	279	708	299	276
浙 江	114	77	43	352
安 徽	161	32	165	317
福 建	151	369	165	421
江 西	257	56	179	45
山 东	493	513	296	103
河 南	213	48	218	226
湖 北	291	146	231	66
湖 南	230	48	181	183
广 东	128	743	60	160
广 西	158	442	292	88
海 南				3
重 庆	80	16	55	21
四 川	318	1696	168	1775
贵 州	145	35	119	165
云 南	475	96	89	23
西 藏	4	68		3
陕 西	298	367	234	55
甘 肃	8	543	4	273
青 海	101	49	25	22
宁 夏	116	360		12
新 疆	172	296	4	140

建设本年新开工规模

单位：台，万千瓦

	2018年		2019年		2020年	
	台数	容量	台数	容量	台数	容量
	3375	**3787**	**7346**	**3899**	**8473**	**6803**
					60	0
	1	69	3	52	31	12
	408	234	657	180	869	290
	216	66	469	161	463	411
	287	250	1107	534	363	808
	119	65	218	44	274	104
	7	149	95	47	284	105
	73	23	114	30	149	55
	29	109	2	1	2	132
	330	275	366	179	726	359
	20	272	104	71	107	350
	13	144	114	61	95	316
	89	37	277	221	79	160
	223	53	280	84	273	135
	251	218	367	105	347	379
	200	112	853	309	617	180
	126	35	109	153	164	88
	35	11	248	83	262	270
	9	328	267	361	446	806
	342	221	515	163	566	422
	3	107	2	92	5	99
	1		78	18	82	27
	189	45	105	359	250	189
	89	27	148	173	23	303
	2	5	42	162	23	5
	37	515	277	82	285	211
			48	13	138	73
	168	169	118	25	263	225
	68	15	283	102	778	107
	40	235	80	33	449	183

4-20 分地区电源项目

地区	2016年		2017年	
	台数	容量	台数	容量
全 国	**14393**	**32829**	**12128**	**33723**
北 京	31	180	7	174
天 津	82	460	156	386
河 北	1658	1985	1388	2228
山 西	1149	1003	1105	855
内蒙古	603	1472	525	1170
辽 宁	318	885	463	918
吉 林	164	401	100	450
黑龙江	293	529	235	535
上 海	38	126	5	200
江 苏	637	2043	708	2582
浙 江	161	1030	170	1621
安 徽	318	1157	332	1811
福 建	324	1532	375	1605
江 西	372	672	577	578
山 东	922	2599	840	2820
河 南	402	804	682	1456
湖 北	625	924	383	885
湖 南	302	171	339	683
广 东	336	2205	282	2232
广 西	631	1149	725	435
海 南	4	126	3	63
重 庆	139	308	143	259
四 川	508	3186	633	4374
贵 州	352	408	363	388
云 南	838	1973	402	695
西 藏	17	162	8	153
陕 西	919	926	763	859
甘 肃	16	739	13	511
青 海	103	340	117	239
宁 夏	481	1729	101	1219
新 疆	1650	1607	185	1338

建设本年施工规模

单位：台，万千瓦

2018年		2019年		2020年	
台数	容量	台数	容量	台数	容量
11440	**31299**	**15652**	**28449**	**19771**	**34871**
37	75	21	49	80	24
152	536	58	286	66	210
1553	2360	1773	2121	2036	2487
899	1022	939	579	922	1585
624	1263	1253	1755	1756	2897
520	1040	568	836	606	982
24	574	112	471	372	511
255	500	298	466	348	486
32	237	32	146	2	160
758	2113	877	1501	1322	1628
141	1664	298	1204	292	1439
202	1292	344	685	317	1018
320	1247	627	1396	511	1400
565	502	640	311	579	634
510	1965	882	1989	975	2446
794	1599	1338	1389	1601	1456
398	745	277	720	444	614
328	676	454	592	583	900
296	2314	651	2124	1000	2438
639	520	1019	511	1169	911
6	151	4	191	7	196
127	222	159	195	179	195
603	3692	577	2527	628	2795
350	228	383	384	316	783
120	500	171	1622	151	1496
8	115	7	128	7	132
476	1313	665	1488	900	1446
7	406	77	319	167	380
234	375	364	362	579	895
234	998	492	822	1103	689
228	1057	292	1280	753	1637

4-21 分地区电源项目

地区	2016年		2017年	
	台数	容量	台数	容量
全国	**6992**	**15983**	**5245**	**15201**
北京	24	32	3	121
天津		143	52	22
河北	694	634	541	738
山西	361	823	285	432
内蒙古	313	525	463	482
辽宁	96	486	157	117
吉林	66	84	25	125
黑龙江	111	139	56	249
上海	37	46	3	37
江苏	309	765	454	1436
浙江	34	499	49	779
安徽	148	569	124	968
福建	128	665	166	637
江西	81	500	134	280
山东	428	1387	527	1759
河南	80	387	163	893
湖北	353	446	140	476
湖南	120	135	27	274
广东	103	849	139	655
广西	226	801	438	139
海南	2	131	1	23
重庆	27	154	35	118
四川	146	1738	280	1997
贵州	198	431	160	91
云南	548	721	242	174
西藏	26	71	1	48
陕西	425	453	381	532
甘肃	1	152	4	260
青海	20	420	85	226
宁夏	413	627	106	545
新疆	1474	1169	4	567

建设累计新增生产能力

单位：台，万千瓦

2018年		2019年		2020年	
台数	容量	台数	容量	台数	容量
4658	**15436**	**6457**	**14582**	**16006**	**20562**
2	56	7	183	82	39
48	319	29	165	32	147
479	882	625	861	1657	1972
393	838	544	469	900	1241
295	413	183	740	1375	1488
178	231	289	195	578	339
7	224	52	127	181	232
43	213	56	164	158	305
5	129	34	147		30
484	1394	463	957	637	1000
103	883	105	315	97	430
56	732	40	343	229	480
40	213	269	182	223	335
105	403	227	214	561	638
252	784	356	945	1000	1731
348	976	726	876	1606	1145
272	435	187	648	245	452
154	296	209	184	490	329
68	1496	151	2147	332	1430
344	252	485	645	1342	749
5	76	4	120	6	204
79	102	55	52	102	55
155	1469	253	647	483	580
83	26	154	234	214	738
26	499	119	513	146	375
1	13		26	3	66
301	661	253	754	840	1106
	130	48	108	105	350
86	323	301	370	571	839
104	506	189	766	1102	676
142	462	44	486	709	1062

4-22 分地区电网建设本年投资完成情况

单位：万元

地 区	2016年	2017年	2018年	2019年	2020年
全 国	**54314885**	**53388841**	**53738169**	**50117312**	**48963113**
国网总部	1424378	2593294	1368022	1453713	2907712
华北分部					
北 京	1872717	1998508	1769675	1164449	936046
天 津	833703	560443	907221	1223389	1044922
河北(南网)	1903079	1290615	1756406	1367528	1249529
冀 北	919681	834033	1618901	751313	844463
山 西	1826745	842368	982932	1071603	1324875
内蒙(蒙西)	1467057	1501058	1598873	1506406	1358953
山 东	4257047	5361236	4415406	3108897	2470763
东北分部	25250	23530	25719	3969	22838
辽 宁	814660	1051803	1353444	1236800	1112644
吉 林	578017	806185	318308	289944	210664
黑龙江	704733	973728	364494	253528	210288
蒙 东	871774	829926	749578	531533	670361
华东分部					
上 海	1940090	1006017	1650579	1148080	1000064
江 苏	3475175	4347532	3343917	3179636	3098467
浙 江	2831956	2521274	3194514	2901515	2524114
安 徽	2075000	2258110	3109383	1461847	1461847
福 建	1340736	1196585	1401072	1270902	1109066
华中分部					
湖 北	2295240	1916060	1767517	1455249	1535987
湖 南	1793356	1550770	1591450	2047266	2402017
河 南	3081260	2657332	3183350	3070919	2346480
四 川	2428866	1503680	1399450	1358159	1481069
重 庆	949764	740667	708289	580264	522460
江 西	1225623	1030666	931476	1271506	1772524
西北分部					
陕 西	980204	1002003	1143586	469445	557477
甘 肃	1018335	453649	437719	765222	684460
青 海	574909	503117	609456	1257703	762822
宁 夏	913048	410310	316278	308371	385720
新 疆	1261878	1380864	1431238	1285633	1640898
西 藏	655636	1474796	936625	889505	1063915
南网总部	881739	846237	635026	1100205	799495
广 东	3490452	4426139	4903438	5534692	5534692
广 西	1041667	986820	934024	1607545	1463649
云 南	1357349	1200162	889584	1208658	1141576
贵 州	805300	894993	1404183	1409891	913963
海 南	398463	414331	587037	572028	396292

4-23 分电压等级电网建设本年投资完成情况

单位：万元

电压等级	2016年	2017年	2018年	2019年	2020年
全　国	**54314885**	**53388841**	**53738169**	**50117312**	**48963113**
输变电	**52815092**	**51351751**	**51332415**	**47793236**	**47206622**
1. 直流工程	4947549	8589331	5204685	2494928	5323282
±1100千伏	320467	1209686	1133628		
±800千伏	4402192	7287037	3095849	2192823	4991902
±660千伏					
±500千伏	224890	92607	975208	292105	331380
±400千伏				10000	
2. 交流工程	47867543	42762421	46127730	45298308	41883339
1000千伏	3980497	1675549	1837307	1599741	897924
750千伏	967071	931099	927776	981154	999720
500千伏	4277281	4848558	4852910	3596383	4736655
330千伏	522861	413040	419812	353628	455553
220千伏	6629426	6275211	6612618	6200893	6380481
110千伏(含66千伏)	7969259	6476099	6494009	6464522	6228067
其他	**1499792**	**2037090**	**2405754**	**2324077**	**1756491**

4-24 电网建设本年投资完成情况(建筑工程)

单位：万元

电压等级	2016年	2017年	2018年	2019年	2020年
全　国	**6988362**	**7255086**	**7860394**	**6734280**	**6356193**
输变电	**6596532**	**6696742**	**7118312**	**6083696**	**5953680**
1. 直流工程	630677	681994	708477	319921	576959
±1100千伏	47632	111485	12360		
±800千伏	555231	557177	238035	263744	541456
±660千伏					
±500千伏	27814	13333	458083	56177	35503
±400千伏					
2. 交流工程	5965855	6014748	6409835	5763775	5376721
1000千伏	417158	139001	174678	184976	22529
750千伏	74331	91657	62218	108341	90206
500千伏	742535	979676	657646	392964	462733
330千伏	40741	31477	61129	33447	61711
220千伏	1221808	1140534	1158123	1058158	1166116
110千伏(含66千伏)	1351280	1181486	1463923	1361072	1341982
其他	**391830**	**558344**	**742082**	**650583**	**402513**

4-25 电网建设本年投资完成情况(安装工程)

单位：万元

电压等级	2016年	2017年	2018年	2019年	2020年
全　国	**20434583**	**20091099**	**20499102**	**19692101**	**18213558**
输变电	**20395944**	**19815703**	**20018276**	**19197157**	**17768604**
1. 直流工程	1412048	2470803	1886608	1355678	1547219
± 1100千伏	209600	524706	598609		
± 800千伏	1161412	1933251	1127191	1275962	1447866
± 660千伏					
± 500千伏	41037	12846	160808	77569	99353
± 400千伏				2148	
2. 交流工程	18983896	17344901	18131668	17841478	16221385
1000千伏	1300049	546164	647577	663044	284184
750千伏	486064	445814	403740	583107	565423
500千伏	1518060	1681603	2030144	1299895	2047364
330千伏	226811	221127	142048	173188	205570
220千伏	2208844	2316087	2466922	2285368	2342280
110千伏(含66千伏)	2625614	2272840	1932040	2040905	1940451
其他	**38639**	**275395**	**480825**	**494944**	**444954**

4-26 电网建设本年投资完成情况(设备工器具购置)

单位：万元

电压等级	2016年	2017年	2018年	2019年	2020年
全　国	**18441829**	**18235496**	**17139125**	**14551142**	**15379761**
输变电	**18415807**	**17750797**	**16378095**	**13906746**	**14758165**
1. 直流工程	2380277	4716814	2345722	579068	2535307
±1100千伏	1154	436476	518000		
±800千伏	2304856	4234716	1493672	443435	2444887
±660千伏					
±500千伏	74267	45621	334050	127958	90420
±400千伏				7674	
2. 交流工程	16035530	13033983	14032373	13327679	12222857
1000千伏	1610423	732409	823213	541517	417788
750千伏	231319	232587	310145	182103	230720
500千伏	970506	1143768	887730	1021560	1137999
330千伏	142816	99805	115025	110077	118993
220千伏	1956158	1557607	1562955	1360334	1485684
110千伏(含66千伏)	2717609	1948941	1934563	1687557	1657557
其他	**26021**	**484699**	**761031**	**644395**	**621596**

4-27 电网建设本年投资完成情况(其它费用)

单位：万元

电压等级	2016年	2017年	2018年	2019年	2020年
全　国	**8450110**	**7807160**	**8239547**	**9139790**	**9013601**
输变电	**7406809**	**7088509**	**7817732**	**8605636**	**8726173**
1. 直流工程	524547	719720	263878	240261	663797
±1100千伏	62082	137019	4659		
±800千伏	380692	561894	236951	209682	557693
±660千伏					
±500千伏	81772	20807	22269	30401	106104
±400千伏				178	
2. 交流工程	6882263	6368789	7553854	8365375	8062376
1000千伏	652867	257975	191839	210204	173423
750千伏	175357	161041	151672	107603	113370
500千伏	1046180	1043511	1277390	881964	1088558
330千伏	112493	60631	101611	36916	69279
220千伏	1242616	1260983	1424617	1497033	1386400
110千伏(含66千伏)	1274756	1072831	1163483	1374987	1288076
其他	**1043301**	**718651**	**421815**	**534154**	**287428**

4-28 电网

电压等级	2016年		2017年	
	容量	长度	容量	长度
全 国		**195329**		**201258**
1. 直流工程	**16040**	**16261**	**14400**	**13469**
±1100千伏	2400	3325	1200	3325
±800千伏	11800	11265	11200	9577
±660千伏			1200	
±500千伏	1840	1671	800	567
±400千伏				
2. 交流工程(110千伏及以上)	**101578**	**179068**	**105704**	**187789**
1000千伏	7800	7968	4500	3600
750千伏	7080	5905	5670	5180
500千伏	26885	27075	30370	32331
330千伏	1707	5498	1782	5123
220千伏	32076	64086	35375	70782
110千伏(含66千伏)	26030	68536	28007	70773

建设规模

单位：万千伏安，万千瓦，千米

2018年		2019年		2020年	
容量	长度	容量	长度	容量	长度
	202586		**177201**		**176608**
11500	**13919**	**9700**	**11027**	**12600**	**13148**
2400	4010	1800	4010		1768
8200	8658	6000	5945	11400	10321
900	1251	900	1073	1200	1059
		1000			
103483	**188668**	**95307**	**166174**	**104095**	**163460**
2400	2399	4800	4316	6000	3411
6570	6525	8840	8350	6850	6153
29968	30060	25333	22478	25436	22532
2949	7419	3705	7328	4330	7010
33467	75889	29630	62940	31777	61314
28130	66375	22999	60762	29701	63040

4-29 电网建设

电压等级	2016年		2017年	
	容量	长度	容量	长度
全　国		**176792**		**175788**
1. 直流工程	**16040**	**16179**	**13800**	**12903**
±1100千伏	2400	3325	1200	3325
±800千伏	11800	11183	11200	9577
±660千伏			1200	
±500千伏	1840	1671	200	1
±400千伏				
2. 交流工程(110千伏及以上)	**91054**	**160613**	**89181**	**162885**
1000千伏	7800	7067	3900	2970
750千伏	7080	5905	5670	5180
500千伏	24224	26085	27973	29278
330千伏	1707	5495	1710	5057
220千伏	27454	55592	27561	59414
110千伏(含66千伏)	22789	60469	22367	60986

本年施工规模

单位：万千伏安，万千瓦，千米

2018年		2019年		2020年	
容量	长度	容量	长度	容量	长度
	162751		**160164**		**150404**
9400	**8637**	**9000**	**9075**	**12600**	**13147**
2400	4010	1800	4010		1768
6100	3938	5000	3992	11400	10321
900	689	1200	1074	1200	1059
		1000			
85931	**154115**	**88187**	**151088**	**87746**	**137257**
2100	2399	4800	4316	5400	2806
5370	6423	8630	8350	6430	6051
26463	26012	23603	19409	21568	17874
1988	4757	3489	7300	4114	6982
26637	57529	26136	54343	25303	48944
23374	56995	21528	57370	24931	54600

4-30 电网建设

电压等级	2016年		2017年	
	容量	长度	容量	长度
全 国		**64316**		**56053**
1. 直流工程	**5600**	**6487**	**1000**	
±1100千伏	2400	3325		
±800千伏	3000	3162	1000	
±660千伏				
±500千伏	200			
±400千伏				
2. 交流工程(110千伏及以上)	**30712**	**57829**	**28400**	**56053**
1000千伏	1500	761	900	72
750千伏	2340	2059	1350	1581
500千伏	9565	9357	8725	11430
330千伏	588	2165	459	1073
220千伏	8856	20962	8001	17879
110千伏(含66千伏)	7863	22525	8965	24019

本年开工规模

单位：万千伏安，万千瓦，千米

2018年		2019年		2020年	
容量	长度	容量	长度	容量	长度
	54031		**58731**		**61102**
2500	**2253**	**1900**	**1295**	**3800**	**3890**
1600	1604	1600	909	3200	3224
900	649	300	386	600	666
30872	**51778**	**34390**	**57436**	**35202**	**57213**
1500	2169	2100	1128	3300	690
1800	2163	2615	1386	1520	2038
8437	6027	9493	8563	8580	8676
1122	1318	1188	1810	2008	3004
9125	19500	10163	18694	10920	20330
8888	20600	8831	25855	8874	22474

4-31 电网建设

电压等级	2016年		2017年	
	容量	长度	容量	长度
全　国		**83807**		**91640**
1. 直流工程	**3240**	**4496**	**8500**	**8901**
±1100千伏				
±800千伏	1600	2825	7700	8339
±660千伏				
±500千伏	1640	1671	800	562
±400千伏				
2. 交流工程（110千伏及以上）	**46019**	**79311**	**46799**	**82739**
1000千伏	5100	4252	3600	3476
750千伏	2910	2486	1740	1001
500千伏	10380	9737	10155	10044
330千伏	480	1525	783	2975
220千伏	14011	26271	17005	29235
110千伏(含66千伏)	13139	35040	13516	36007

累计新增能力

单位：万千伏安，万千瓦，千米

2018年		2019年		2020年	
容量	长度	容量	长度	容量	长度
	80787		**71109**		**67542**
4700	**7118**	**3800**	**3510**	**5200**	**4444**
1200	3325	1800	1557		
3500	3231	1000	1953	4000	3389
	562			1200	1055
		1000			
40730	**73669**	**37608**	**67599**	**34042**	**63098**
900	129	1500	2100	1800	1736
2340	1733	3455	4566	2620	1818
13225	17650	9995	8095	8355	8137
1887	4342	1623	4245	1674	3014
11770	25612	11775	24284	10576	21107
10608	24203	9260	24310	9017	27286

4-32　分地区新增换流容量(直流)

单位:万千瓦

地　区	2016年	2017年	2018年	2019年	2020年
全　国	**3240**	**7900**	**3200**	**2200**	**5200**
国网总部		3600	1500	1000	1600
华北分部					
北　京					300
天　津					
河北(南网)					
冀　北					600
山　西					
内蒙(蒙西)					
山　东		1000			
东北分部					
辽　宁					
吉　林					
黑龙江					
蒙　东					
华东分部					
上　海					
江　苏		1800			
浙　江	800				
安　徽			600	600	
福　建					
华中分部					
湖　北					
湖　南		800			
河　南					800
四　川					
重　庆					
江　西					
西北分部					
陕　西					
甘　肃					
青　海					
宁　夏	800				
新　疆			600	600	
西　藏					
南网总部	1040	700	500		1900
广　东					
广　西					
云　南	600				
贵　州					
海　南					

4-33 分电压等级新增换流容量(直流)

单位: 万千瓦

电压等级	2016年	2017年	2018年	2019年	2020年
合 计	**3240**	**7900**	**3200**	**2200**	**5200**
±1100千伏			1200	1200	
±800千伏	1600	7700	2000		4000
±660千伏					
±500千伏	1640	200			1200
±400千伏				1000	

4-34 分地区新增110千伏及以上变电设备容量(交流)

单位: 万千伏安

地区	2016年	2017年	2018年	2019年	2020年
全国	**34585**	**32595**	**31024**	**31915**	**31292**
国网总部	600	600		310	100
华北分部					
北京	1327	326	1219	1054	727
天津	754	424	101	1282	501
河北(南网)	1800	1689	1093	862	573
冀北	511	834	480	311	1055
山西	1055	1164	363	485	688
内蒙(蒙西)	1349	1074	1072	1901	1269
山东	2839	3517	1634	3609	2627
东北分部					
辽宁	1097	671	860	525	692
吉林	324	180	744	105	201
黑龙江	174	339	855	131	145
蒙东	689	330	529	221	133
华东分部					
上海	2007	1000	1058	659	363
江苏	2622	2952	3900	2693	2741
浙江	1813	2442	2572	2364	2697
安徽	1570	822	1278	2122	2542
福建	1045	1339	1301	1042	955
华中分部					
湖北	1038	787	817	560	896
湖南	803	426	676	1440	1528
河南	1629	1649	1877	1953	2236
四川	641	1515	589	626	718
重庆	532	769	368	909	314
江西	939	592	933	782	1118
西北分部					
陕西	532	429	647	1265	1233
甘肃	276	749	428	360	525
青海	139	930	93	155	931
宁夏	553	244	643	643	393
新疆	1890	490	718	1286	742
西藏	33	123	884	106	91
南网总部		150		175	475
广东	2485	2645	1851	770	343
广西	177	416	310	234	411
云南	560	403	484	318	667
贵州	611	459	489	600	505
海南	171	116	160	59	159

4-35　分电压等级新增110千伏及以上变电设备容量(交流)

单位: 万千伏安

电压等级	2016年	2017年	2018年	2019年	2020年
合　计	**34585**	**32595**	**31024**	**31915**	**31292**
1000千伏	5100	3000	900	1500	1800
750千伏	1860	1740	1140	3245	1860
500千伏	7715	8275	11160	8645	8255
330千伏	480	783	612	1263	1098
220千伏	9239	10433	8402	9161	9275
110千伏(含66千伏)	10191	8364	8810	8100	9004

4-36 分地区新增110千伏及以上输电线路长度

单位：千米

地　　区	2016年	2017年	2018年	2019年	2020年
全　　国	**60070**	**66423**	**60298**	**57935**	**61682**
国网总部	8	480	1823	1558	2221
华北分部					
北　　京	1201	340	599	702	480
天　　津	813	289	132	1058	808
河北(南网)	2457	2151	1010	1766	1396
冀　　北	1359	1333	1679	1676	1582
山　　西	1257	1959	1205	1379	2740
内蒙(蒙西)	3247	2028	2513	1194	1163
山　　东	2977	6538	2736	5812	4094
东北分部					
辽　　宁	1601	1336	2803	1437	1979
吉　　林	992	880	3285	397	452
黑 龙 江	1090	1295	2550	370	224
蒙　　东	2590	3336	3438	1351	1087
华东分部					
上　　海	1414	567	958	432	182
江　　苏	2573	6033	3331	3312	4393
浙　　江	3428	2950	3330	2195	2908
安　　徽	4042	1819	3559	5320	2649
福　　建	721	1714	1323	2150	1446
华中分部					
湖　　北	1918	1368	2012	1071	1735
湖　　南	1067	2311	937	1928	2394
河　　南	2655	2609	2272	3769	4854
四　　川	1146	2530	2042	1986	1075
重　　庆	477	1004	766	1058	987
江　　西	2034	1674	1479	1861	2388
西北分部					
陕　　西	1354	1523	916	2442	1212
甘　　肃	1743	2535	192	1017	1402
青　　海	1113	1738	144	1682	2553
宁　　夏	1447	597	877	877	258
新　　疆	3483	1648	3032	1868	3087
西　　藏	588	2667	2306	1532	2137
南网总部	1255	1986			1841
广　　东	2048	2930	3305	1095	568
广　　西	1122	1207	828	1120	1242
云　　南	3012	1359	1671	1220	2480
贵　　州	1591	1628	1122	1207	1143
海　　南	248	61	125	93	522

4-37　分电压等级新增110千伏及以上输电线路长度

单位：千米

电压等级	2016年	2017年	2018年	2019年	2020年
交直流合计	**60070**	**66423**	**60298**	**57935**	**61682**
直流合计	**3391**	**8339**	**3325**		**4444**
±1100千伏			3325		
±800千伏	1720	8339			3389
±660千伏					
±500千伏	1671				1055
±400千伏					
交流合计	**56679**	**58084**	**56973**	**57935**	**57237**
1000千伏	4252	2846	129	2100	1736
750千伏	1813	899	1573	4406	1090
500千伏	6931	7999	14540	5595	7424
330千伏	1525	2521	828	3989	1566
220千伏	17088	18810	20697	19822	18768
110千伏(含66千伏)	25070	25010	19206	22023	26653

主要统计指标解释

1.**计划总投资**：指建设项目或企业、事业单位中的建设工程，按照总体设计规定的内容全部建成计划(或按设计概算或预算)需要的总投资，即动态投资。单纯购置单位应填报单纯购置的计划总投资。计划总投资按以下办法确定填报：

（1）有上级批准概(预)算投资或计划总投资的，填列上级批准数；

（2）无上级批准概(预)算投资或计划总投资的，可填列上报的计划总投资数；

（3）前两者都没有的，填年内施工工程计划总投资。

调整概算经批准的，可调整计划总投资，未经批准的不应调整计划总投资。

2.**自开工累计完成投资**：指建设项目从开始建设至报告期末止累计完成的全部投资。其计算范围原则上与“计划总投资”指标包括的工程内容相一致。报告期以前已建成投产或停、缓建工程完成的投资以及拆除、报废工程的投资，仍应包括在内。但转出的“在建工程”累计投资应予以扣除，转入的“在建工程”以前年度完成的投资应当包括。

3.**本年完成投资**：指从本年 1 月 1 日起至报告期末止完成的全部投资额。实际完成投资额是以货币表示的工作量指标，包括实际完成的建筑安装工程价值，设备、工具、器具的购置费，以及实际发生的其他费用。

4.**建设规模**：指建设项目或工程设计文件中规定的全部设计能力。包括已经建成投产和尚未建成投产的工程的生产能力，但不包括改、扩建以前原有的生产能力。

5.**本年施工规模**：指报告期内施工的单项工程（机组）的设计能力，即全部建设规模中在本年正式施工的部分。设计规定有多种产品的，要将主要产品的施工规模逐一列出。本年施工规模包括报告期以前已开工跨入本年继续施工的单项工程的设计能力和报告期新开工工程的设计能力，也包括报告期内建成投入生产的或报告期施工后又停缓建的单项工程设计能力，但不包括在报告期以前开工并已投产的或已经停、缓建的工程，以及报告期内尚未正式开工的单项工程的设计能力。

6.**本年新开工规模**：指本年 1 月 1 日起至报告期止新开工建设工程的设计能力。新开工项目的确定以总体设计或计划文件中规定的永久性工程正式开工为准。

7.**累计新增生产能力**：指自开始建设至报告期止建成投产的全部单项工程（机组）累计的新增生产能力。包括报告期以前已经建成投产和报告期内建成投入生产的单项工程（机组）的生产能力。

8.**本年新增生产能力**：指在本年度内按照新增生产能力的计算条件和标准，实际建成投入生产或交付使用的生产能力。

5

世界主要国家和地区数据

5-1 世界主要国家和地区发电装机容量

单位：百万千瓦

国家和地区	2014年	2015年	2016年	2017年
澳大利亚	67.23	68.16	67.07	66.45
奥地利	24.05	24.47	25.22	24.92
比利时	20.93	21.17	21.67	22.26
加拿大	137.34	148.15	144.02	147.63
智利	20.51	21.44	24.53	26.31
捷克	21.92	21.87	21.99	22.27
丹麦	13.62	14.00	14.23	14.36
芬兰	16.30	16.61	16.29	17.17
法国	127.79	132.18	133.09	133.10
德国	197.50	203.42	208.50	215.51
希腊	18.89	18.94	19.16	19.43
以色列	16.22	17.22	17.59	17.83
意大利	121.75	116.96	144.16	114.24
日本	317.12	318.41	322.11	334.43
韩国	99.83	103.19	111.20	122.95
墨西哥	66.25	67.50	72.57	74.43
荷兰	31.76	33.87	34.18	33.81
新西兰	9.77	9.45	9.29	9.30
挪威	33.70	33.84	33.83	34.24
波兰	35.99	37.33	38.10	42.85
葡萄牙	19.12	19.62	20.61	20.93
西班牙	106.49	106.75	105.95	103.84
瑞典	38.74	39.69	40.32	39.80
瑞士	19.16	19.62	20.84	21.61
土耳其	69.54	73.15	78.50	85.20
英国	96.62	96.24	97.53	103.47
美国	1074.54	1072.47	1086.85	1100.30

资料来源：国际能源署，下同。

5-2 世界主要国家和地区发电量

单位：百万千瓦时

国家和地区	2014年	2015年	2016年	2017年
世界总计	**23851342**	**24284203**	**24986473**	**25606248**
中国	56657745	5843715	6187107	6602147
美国	4319156	4297048	4299595	4263677
印度	1293682	1372770	1457323	1532230
俄罗斯	1062333	1065623	1088945	1092171
日本	1054223	1042792	1054790	161015
加拿大	668016	668035	666510	658288
德国	621938	640967	643531	647732
巴西	590651	581652	578889	589400
韩国	557897	549047	558816	562693
法国	545866	565366	559571	557010
沙特阿拉伯	311806	338342	344814	347852
英国	335293	336185	336342	335464
墨西哥	301496	310719	320564	322062
伊朗	278116	280633	289094	307968
意大利	274609	281562	287943	294004
土耳其	274949	261783	274408	297278
西班牙	251963	277792	271302	273438
中国，台北	256904	254990	261388	265071
澳大利亚	248264	251331	256266	257770
南非	249471	246736	249453	250655
印度尼西亚	227876	233984	247920	254869
波兰	158508	164341	166153	169991
乌克兰	181975	162108	162940	154461
瑞典	153554	161931	155891	164225

5-3 世界主要国家和地区国内生产总值电耗(2010年价)

单位：千瓦时/美元

国家和地区	2014年	2015年	2016年	2017年
世界	**0.299**	**0.297**	**0.298**	**0.296**
OECD合计	0.214	0.209	0.207	0.202
非OECD合计	0.456	0.458	0.460	0.461
英国	0.126	0.122	0.119	0.116
意大利	0.149	0.150	0.148	0.149
德国	0.157	0.154	0.151	0.148
澳大利亚	0.164	0.160	0.157	0.155
日本	0.171	0.168	0.169	0.167
法国	0.168	0.170	0.173	0.168
印度尼西亚	0.194	0.214	0.218	0.215
巴西	0.219	0.224	0.230	0.232
委内瑞拉	0.219	0.206	0.222	0.256
美国	0.256	0.248	0.244	0.236
加拿大	0.294	0.301	0.295	0.278
阿根廷	0.318	0.300	0.305	0.289
韩国	0.432	0.421	0.417	0.407
沙特阿拉伯	0.452	0.461	0.462	0.461
泰国	0.447	0.452	0.485	0.468
印度	0.495	0.491	0.489	0.482
中国，台北	0.500	0.494	0.498	0.492
伊朗	0.505	0.517	0.468	0.481
南非	0.556	0.545	0.535	0.532
俄罗斯	0.530	0.582	0.586	0.582
中国	0.643	0.623	0.621	0.620
埃及	0.646	0.654	0.629	0.609

5-4 世界主要国家和地区人均电力消费量

单位：千瓦时/人

国家和地区	2014年	2015年	2016年	2017年
世界	**3037**	**3057**	**3110**	**3152**
OECD合计	8046	8023	8041	7992
非OECD合计	1974	2012	2077	2144
加拿大	15911	15166	14885	14273
美国	12960	12854	12814	12573
中国，台北	10747	10669	10867	10987
韩国	10564	10482	10618	10654
澳大利亚	9410	9884	9929	9922
沙特阿拉伯	9992	9921	9872	9576
日本	7976	7917	7999	8111
法国	6975	7071	7264	7209
德国	7035	7015	6956	6947
俄罗斯	6603	6588	6715	6771
意大利	5002	5099	5081	5202
英国	5128	5089	5033	4951
中国	4229	4046	4279	4546
南非	3927	4148	4023	4004
伊朗	3039	2979	3153	3326
阿根廷	2996	3145	3109	3007
泰国	2550	2590	2864	2868
巴西	2578	2539	2504	2521
委内瑞拉	2661	2612	2323	2272
埃及	1713	1744	1713	1697
印度	814	864	912	947
印度尼西亚	811	821	865	888